Elisabeth Bonneau · Fit mit Worten

D1726803

Elisabeth Bonneau

Fit mit Worten

Nie wieder sprachlos:
Tipps für Teens

Mit Cartoons von Stefanie Scharnberg

Ellermann Verlag

Elisabeth Bonneau
geboren 1950, arbeitete nach ihrem Studium der Anglistik und Romanistik zunächst als Gymnasiallehrerin. Heute ist sie freiberuflich als Journalistin und Trainerin für Kommunikation und Rhetorik tätig.

5 4 3 2 1   03 02 01 00 99

© 1999 Verlag Heinrich Ellermann, Hamburg
Printed in Germany
In neuer Rechtschreibung
Umschlaggestaltung: Buchholz, Hinsch, Hensinger, Hamburg
unter Verwendung eines Fotos von David de Lossy, Image Bank
ISBN 3-7707-3086-0

Inhalt

Für einen besseren Kontakt
Wenn ich einmal im Gespräch bin, geht alles glatt, aber wie komme ich hinein? • Ich habe es satt, als Mauerblümchen in der Ecke zu stehen. Wie komme ich an eine Gruppe ran? • Kann ein wenig Alkohol mir meine Hemmungen nehmen? • Ich bin »die Neue«: Wie kann ich den Kontakt zu meinen Mitschülern verbessern? • Ich komme mir unter unbekannten Leuten blöd vor. • Wie gehe ich mit Fragen von Erwachsenen um? • Wenn jemand für meine Eltern anruft, stehe ich oft auf der Leitung: Was soll ich am Telefon sagen? • Wie kann ich als Gastgeber einer Party dafür sorgen, dass meine Gäste in Schwung kommen? • Kann ich mit Witzen die Stimmung verbessern? • Was kann ich gegen feuchte Hände tun? • Warum sollte man »mit beiden Beinen fest auf der Erde« stehen? • Man wirft mir oft vor, dass ich sehr leise spreche. Ist das wirklich so schlimm? • Manche finden mich arrogant, ich bin aber doch bloß schüchtern! • Wenn ich unsicher bin, nuschele ich. Kann ich das abstellen? • Wie kann ich den Eindruck von Sicherheit vermitteln, selbst wenn ich gar nicht sicher bin? • Haben andere eigentlich auch solche Probleme? • Warum kann ich nicht so bleiben, wie ich bin?

Wie sag ich's meiner Flamme?
Wenn mich jemand ansieht, den ich nett finde, fange ich an zu stottern. Was kann ich dagegen tun? • Wie spreche ich ein Mädchen an, das mir gefällt? • Meinem Freund liegen die Mädchen zu Füßen,

ich stehe immer dumm daneben. • Ich kann mich nicht so gut ausdrücken. • Wie kann ich wissen, was er oder sie denkt? • Abgeblitzt! Was nun? • Es ist ganz schlimm: Mich spricht nie ein Junge an. • Ich vermute, er mag mich, aber ich bin nie mit ihm allein. • Meine Freundin hat mich verlassen, eine neue finde ich nicht. • Den Spruch »*Ich liebe dich*« finde ich abgegriffen. • Endlich gehen wir miteinander. Wie kann ich verhindern, dass sie von mir enttäuscht ist? • Was kann ich tun, damit unsere Beziehung auf Dauer spannend bleibt? • Ich habe ein Date vergessen. Welche Ausrede ist die beste? • Meine Freundin ist eine Quasseltüte. Wie kann ich ihr das abgewöhnen? • Immer wenn ich ihr nahe komme, heißt es: »*Nein, jetzt nicht.*« • Ich bin ein Junge und mache mir nichts aus Mädchen. • Ich möchte Schluss machen. Wie sag ich's ihm? • Ich will Schluss machen. Aber meine Freundin lässt mich nicht gehen. • Ich bin in meinen Mathelehrer verliebt.

3. Win – win
Überzeugend und fair argumentieren
Wie kann ich meine Eltern davon überzeugen, dass ich trotz des Tests am nächsten Morgen heute ins Kino gehen darf? • Wie bekomme ich mehr Taschengeld? • Wie kann ich verhindern, dass meine Eltern unsachlich werden, wenn ich etwas durchsetzen möchte? • Wie argumentiere ich so, dass ich länger in der Disko bleiben darf? • Meine Eltern haben keine Zeit zum Diskutieren. • Warum werde ich bei der Notengebung benachteiligt? • Ich möchte gern etwas in der Klasse bewegen. Aber kein Mensch hört mir zu. • Meine Freunde werfen mir vor, ich könnte zwar reden, aber nicht zuhören. Was mache ich falsch?

4. Nein danke
Alles hat seine Grenzen
Wie gehe ich mit Gegenargumenten um? • Wie kann ich die Argumente eines Lehrers entkräften, wo er doch der Stärkere ist? • Unser

Direktor hat mich einbestellt. • Ich muss meinen Eltern etwas beichten. Wie mache ich das am besten? • Muss ich mir von meinen Geschwistern alles gefallen lassen? • Wie kann ich jemandem sagen, dass er mir auf die Nerven geht? • Ein Mitschüler verlangt, dass ich ihm bei einer Klassenarbeit helfe. Soll ich? • Wie kann ich verhindern, dass ein Lehrer mir zu nahe kommt?

5. Big Talk
Auftreten im öffentlichen Rahmen
Sobald ich meine Hausaufgaben vorlese, werde ich knallrot und mir bleibt die Stimme weg. • Bei der Vokabelabfrage bleibt mir oft das Wort im Hals stecken, obwohl ich alles weiß. Das ärgert mich. • Vor der Klasse zu stehen ist mir peinlich. • Wenn ich nervös bin, trippele ich herum. Wie kann ich das abstellen? • Wohin mit meinen Händen? • In Diskussionen komme ich kaum zu Wort. • Ist gegen Dauerredner ein Kraut gewachsen? • Ich habe Angst vor Fragen nach meiner Meinung. • Vor einer Rede grübele ich tagelang. Was kann ich tun, damit mir schneller etwas einfällt? • Wie kann ich meine Gedanken am besten sortieren? • Was kann ich tun, wenn ich den Faden verliere? • Zu Opas Siebzigstem soll ich eine Rede halten. Darf ich da reden, wie mir der Schnabel gewachsen ist? • Was kann ich tun, damit mein Publikum bei der Stange bleibt?

6. Wenn der Geduldsfaden reißt
Umgang mit Kritik und Angriffen
Eine Klassenkameradin nörgelt an allem, was ich mache, herum. Wie kann ich mich wehren? • Unser Klassenlehrer unterbricht uns ständig mit fiesen Fragen. • Gibt es ein einfaches Allheilmittel, um cool zu bleiben? • Was kann ich tun, wenn jemand mich unfair angreift? • Meine Klassenkameraden lachen mich aus. Muss ich mir das gefallen lassen? • Kann ich als Einzelner gegen Mobbing etwas tun? • Meine Freundinnen sagen immer, ich wäre zu dick, dabei esse ich gar nicht viel. • Ich wäre so gern schlagfertig.

Hallo!

Stell dir vor, du möchtest Anschluss an eine Gruppe finden.

- Wartest du schweigend und sehnsüchtig darauf, dass irgendjemand irgendwann einmal auf die Idee kommt zu sagen: »*Mach mit!*«?
- Oder haust du so richtig auf die Pauke und fährst die Leute an: »*Was bildet ihr euch eigentlich ein? Seid ihr was Besseres – oder wie oder was?*«
- Oder überlegst du dir, wie du sie überzeugst, dass sie wirklich etwas verpassen, wenn sie dich nicht mitmachen lassen?

Du kannst das alles tun und noch viel mehr. All deine Aktionen werden unterschiedliche Wirkungen haben, sie werden mehr oder weniger von Erfolg gekrönt sein.

Genau darum geht es in diesem Buch: Es schildert, wie Handlungen wirken. Auch Sprechen ist Handeln, und von fairer, erfolgreicher Kommunikation, von einem guten Umgang miteinander handelt dieses Buch.

Es enthält Tipps für dich, die dir helfen, dass du beim Reden nicht den Faden verlierst oder gar »ausrastest«. Dass du nicht wie ein Fisch auf dem Trockenen nach Luft schnappst, wenn dir Argumente entgegengehalten werden.

Diese Anregungen sind keine Allerweltsrezepte, die du nur auswendig zu lernen brauchst und die immer und überall ihre Gültigkeit haben. Du musst sie schon in deinem Umfeld lebendig umsetzen. Sie sollen dir Anstöße zum Weiterdenken geben und Ideen zum Nachfühlen. Sie sollen dich motivieren, dein Sprechen und Handeln bewusster und damit selbstbewusster zu gestalten.

Unfaire Tricks wirst du in diesem Buch nicht finden. Hier geht es nur darum, dass du für den Umgang mit anderen Menschen besser vorbereitet bist als bisher.

Auch deine Eltern, Lehrer, Klassenkameraden und Freunde werden das als angenehm empfinden. Weil nach einem Gespräch mit einem offenen und freien Menschen viel seltener eine Missstimmung übrigbleibt, als wenn einer nicht mit der Sprache herausrückt.

Vielleicht findet der eine oder andere es ungewohnt anstrengend, mit dir umzugehen. Weil du dich nicht über den Tisch ziehen lässt. Dann leih ihm dieses Buch, damit er mithalten kann. Weil es auch dir mehr Spaß macht, mit Ebenbürtigen zu verhandeln als mit Menschen, die nur Ja und Amen sagen und doch tun, was sie wollen.

Viel Spaß, ein bisschen Mut und eine Portion Humor beim Ausprobieren wünscht dir

1. Feuchte Hände, Kloß im Hals
Für einen besseren Kontakt

So sexy wie die Spice Girls sein oder so charmant wie Leonardo di Caprio – so überzeugend wie ... ach! Hauptsache, alle Augen schauen auf dich und die Welt liegt dir zu Füßen – ist das dein Traum?

Oder würde es schon reichen, wenn dir nicht ständig die Röte ins Gesicht fährt, sobald es interessant für dich wird? Wenn du nicht mit feuchten Händen auf der Party herumstehst und der Kloß im Hals dir nicht die Sprache verschlägt?

Wenn das so ist – dann lohnt sich für dich das Weiterlesen. Denn die ultimativen Tipps, wie du zum Superstar wirst, habe ich nicht, dafür aber Anregungen, wie du dich deiner Umwelt gegenüber ein wenig besser darstellen kannst, als du es bisher tust. Nicht, wie du leichter aufschneidest und die ganz große Schau abziehst. Sondern wie du dir die wohl verdiente Aufmerksamkeit verschaffen und dich wohler fühlen kannst, da, wo du bist, so, wie du bist.

Denn bei allen Verbesserungen des Auftretens ist eines klar: Ein natürliches, selbstbewusstes Verhalten ist und bleibt am besten – für dich und die anderen.

Wenn ich einmal im Gespräch bin, geht alles glatt, aber wie komme ich hinein?

Wenn nur der erste Schritt nicht wäre!

So denkst nicht nur du, sondern übrigens auch viele Erwachsene, die sich in Seminaren und bei der Lektüre von Fachbüchern den Kopf zerbrechen über »das erste Wort«. Denn sie wissen, dass man mit einem gelungenen Einstieg in ein Gespräch das zwischenmenschliche Klima vorteilhaft beeinflussen kann.

»*Wie geht's?*« klingt für viele zu abgedroschen. Man meint, ein Einstieg muss geistreich sein. Aber wie anstrengend ist es doch, ständig Geistesblitze auszusenden!

Doch ein Feuerwerk muss gar nicht sein. Im Gegenteil: es könnte den Gesprächspartner eher unter Druck setzen: Jetzt muss ich vielleicht genauso geistreich parieren – oje!

Es ist daher völlig o.k., wenn du einen »sanften« Einstieg wählst. Du beschreibst, was ihr gerade miteinander erlebt, und schließt eine Frage an.

Zum Beispiel: Du stehst neben einem anderen Jugendlichen in der Disko in der Nähe der Band. Jetzt kannst du sagen, dass du sie bereits anderswo gehört hast. Oder dass du sie noch nie gehört hast. Oder dass du etwas über sie gelesen hast. Dann fragst du, ob der andere sie kennt. Und woher. Und ob der Lead Sänger schon immer in dieser Gruppe war. Und welche Musik der andere sonst noch hört und mag.

Das System ist einfach:

Ansprechen:
1. *Beschreiben, was ihr gemeinsam seht oder hört.*
2. *Eigene Erfahrungen offenbaren.*
3. *Nach den Erfahrungen der anderen fragen.*

Wenn du an deinen letzten Party- oder Diskobesuch denkst, wen hättest du nach diesem System ansprechen können?

Eine andere Situation: Projekttage an deiner Schule, du hast dich zum Projekt Selbstverteidigung angemeldet, von deinen Freundinnen oder Freunden ist niemand dabei. Ihr wartet auf den Projektleiter. Was sagst du zu dem Mädchen, das neben dir steht? »*Na, auch dabei*« ist wohl nicht das Ideale. Was die Germanen zum Thema Selbstverteidigung meinten, genauso wenig. Eher doch wohl zum Beispiel so:

1. *Bei diesem Projekt haben sich ja viel mehr Leute angemeldet, als ich dachte.*
2. *Letztes Jahr beim Bio-Projekt sah das ganz anders aus.*
3. *Wo hast du da mitgemacht?*
Oder:
1. *Bin mal gespannt, was hier auf uns zukommt.*
2. *Ich war noch nie bei einem Selbstverteidigungskurs.*
3. *Und du?*

Mehr Beispiele brauchst du wohl nicht, um in der nächsten Situation die Hürde des »ersten Wortes« leichter zu nehmen.

Übung

> *Stell dir jetzt einmal vor, in welchen Situationen du in den nächsten Tagen oder Wochen auf neue Bekannte treffen wirst: im Schwimmbad, im Jugendkonzert, bei der Eröffnung eures Vereinslokals. Welche Elemente der Situation könntest du in deinen ersten Worten ansprechen?*

Übrigens: Im Verlauf deiner Lektüre wirst du immer wieder die Anregung bekommen, Tipps ganz individuell für dich und für bestimmte Situationen umzusetzen. Was hältst du davon, wenn du dir ein Notizheft zulegst, als dein persönliches Beiheft zu diesem Buch? Dann hast du keine Zettelwirtschaft, du kannst das Heft wegschließen, niemand spioniert darin herum, und du kannst immer wieder einmal etwas nachlesen.

Ich habe es satt, als Mauerblümchen in der Ecke zu stehen. Wie komme ich an eine Gruppe ran?

Wenn du eine ganze Gruppe, die zu allem Überfluss in ein Gespräch vertieft ist, in Sekundenschnelle mit einem einzigen Satz auf dich und deine Interessen lenken willst, solltest du einen Lehrgang zum Alleinunterhalter besuchen. Im Ernst – du verlangst ziemlich viel von dir, wenn du gleich mehrere Leute für dich einnehmen willst. Versuch's lieber mit Einzelnen aus der Gruppe.

> *Eine Gruppe ansprechen:*
> 1. *Du näherst dich der Gruppe.*
> 2. *Du hörst dem Gespräch ein wenig zu.*
> 3. *Du baust Blickkontakt mit der Person auf, die dir am zugänglichsten erscheint. Das kann eine sein, die in deinem Blickfeld steht, oder die, die du am besten kennst, oder eine, mit der du über dieses Thema schon einmal geredet hast, oder ...*
> 4. *Du gibst einen Kommentar zu dem Thema ab oder stellst eine Informationsfrage: »Was ihr da gerade beredet, finde ich spannend. Kannst du mir da einen Tipp geben?«*

Übung

Ich gehe natürlich nicht davon aus, dass du die Sätze, die du in den Beispielen liest, auswendig lernst und sie bei jeder beliebigen Gelegenheit wörtlich daherplapperst. Das würde wie eine Masche klingen. Das Ergebnis könnte sein, dass die Angesprochenen dich nicht ernst nehmen. Also bitte: Übersetze die Tipps jeweils auf die konkrete Situation und variiere sie im Hinblick auf die Leute, die du für dich interessieren willst.

Kann ein wenig Alkohol mir meine Hemmungen nehmen?

Möglicherweise hast du schon beobachtet, vielleicht weißt du sogar aus eigener Erfahrung: Manches kann mit ein wenig Alkohol im Blut leichter gehen, nicht umsonst berichten manche Erwachsene davon, dass sie sich vor

einer schwierigen Aufgabe »Mut antrinken«. Vielleicht fallen dir nach einem Schluck Wein tatsächlich viel schneller die passenden und sogar witzige Worte ein. Mag sein.

Es ist aber sicherlich angebracht, die Wirkung von Alkohol nüchterner zu sehen: Wo ist die Grenze? Ab dem wie vielten Schluck wirst du zu locker, verlierst die Kontrolle? Ab dem wie vielten fällt dir gar nichts mehr ein? Ab dem wie vielten stößt du die Personen, die du für dich einnehmen willst, vor den Kopf und sogar ab? Vom »Gläschen in Ehren« als Stimmungs-Spritze rate ich dir ab. Sorge lieber dafür, dass du alle Sinne beisammen hast, wenn du Kontakte knüpfen willst.

Ich bin »die Neue«: Wie kann ich den Kontakt zu meinen Mitschülern verbessern?

Bist du neu in der Klasse, in der Schule oder gar in der Stadt? Herzlichen Glückwunsch! Denn du hast jetzt die Chance, neue Leute kennen zu lernen und andere Verhaltensweisen auszuprobieren. Solange du in deinem gewohnten Umfeld warst, war es gar nicht leicht für dich, aus deiner Rolle herauszukommen. Jetzt aber gilt: Neues Spiel, neues Glück.

Erste Chance: Klassenzimmer. Mit deinen Nachbarn kannst du zuerst über eine bestimmte Aufgabe reden, dann über das Fach, dann über die Schule im Allgemeinen, dann über die Freizeit, dann fragen, wohin »man« denn so geht und ob du mal mitkommen kannst. Das Muster, nach dem du dich vorarbeitest, hast du erkannt:

16

In der Klasse:
*Von der konkreten schulischen Einzelheit dahin,
wohin du möchtest: zum privaten Teil.*

Zweite Chance: Schulhof. Das Herantasten ist auch in
der Pause deine Strategie. An eine Gruppe Klassenkameraden kannst du dich etwas leichter als an Fremde he-
ranarbeiten, auch, indem du dir einzelne Verbündete
suchst. Mit Katrin hattest du schon einmal über Mode
geredet, mit Tim über Inline-Skating, mit den Zwillingen
über die neueste Techno Band. Allmählich kannst du
jetzt auf den Schneeballeffekt setzen: Wenn Katrin mit
Hanna über Kleidung spricht und du in der Nähe stehst,
kann sie dich zitieren und hinzuziehen oder du kannst
dich einklinken, dich auf etwas bereits Besprochenes be-
rufen – undsoweiter. Sich Punkt für Punkt einzubringen
ist gar nicht so schwer:

Auf dem Hof:
Partner suchen, auf den Schneeballeffekt setzen.

Dritte Chance: Klassenfahrt oder Schulfest. Nutze jede
Gelegenheit, an organisierten Veranstaltungen teilzu-
nehmen, bei denen Menschen miteinander kommuni-
zieren. Hier hast du Wahlmöglichkeiten: Du kannst bei
dem, was ihr gerade miteinander erlebt, anfangen oder
bei Dingen, die ihr in der Schule miteinander erlebt und
vielleicht auch schon besprochen habt und dann auf Er-

17

lebnisse oder auf Pläne kommen, die ihr gemeinsam oder einzeln habt. Und dann könnt ihr etwas tun – und darüber wieder reden.

Gemeinsame Aktivitäten:
Auch ein Fest oder die Jugendherberge ist ein Kontakthof.

Ich komme mir unter unbekannten Leuten blöd vor.

Ob du bei einer Party auf neue Leute triffst, ob du bei Projekttagen mit Schülern aus anderen Klassen zusammenkommst, ob du an der neuen Schule auf dem Pausenhof Kontakt suchst: Wichtig ist, dass du dir nicht, wie bisher vielleicht, vorstellst, was alles schief gehen könnte, wenn du dich auf ein neues Terrain begibst.

Überleg dir einmal, was du dir bisher so alles eingeredet hast: Die sind alle viel schlauer als ich. Oder: Mir fällt sowieso nichts Gescheites ein. Oder hast du dir sogar ein Bild von der Katastrophe gemacht: wie einer sich von dir abwendet, wie eine andere über dich lacht?

Dann solltest du dir eingestehen: Das alles fand ausschließlich in deinem Kopf statt, genauso gut könntest du in deinem Kopf auch etwas anderes stattfinden lassen.

Zum Beispiel kannst du dich an eine Gelegenheit erinnern, bei der du bereits erfolgreich mit dir bekannten Menschen im Gespräch warst. Vielleicht brauchst du ein wenig Geduld hierfür, aber versuch's doch mal.

> **Erinnerung an Erfolg:**
> *Stell dir vor, wie die andern dich sahen:*
> *Wahrscheinlich standest du aufrecht und hattest*
> *einen offenen Gesichtsausdruck.*
> *Du kannst dir jetzt vorstellen, dass du exakt so*
> *aussiehst, wenn du auf fremde Leute zugehst.*

Übung

Wenn du ein Ziel konkret vor Augen hast, das zudem noch auf einer Erfahrung beruht, erhöhst du die Wahrscheinlichkeit, dass du es erreichst.

Der Trick dabei ist: Während du daran denkst, wie die anderen dich sehen sollen, vergisst du, dass du – eigentlich – bei der Kontaktaufnahme nervös bist. Und schon bist du über das Hindernis deiner negativen Vorahnungen hinweggesprungen.

> **Den Erfolg vor Augen:**
> *Sich von vorn sehen – sich im Erfolgszustand*
> *sehen – erfolgreich sein.*

Dieses Vorgehen ist im Übrigen nicht neu und auch nicht auf die Kontaktaufnahme beschränkt. Steffi Graf, Bernhard Langer, Jürgen Klinsmann – und wie die großen Sportler alle heißen – gehen so vor, wenn sie Erfolg haben wollen: Sie sehen sich in dem Moment, in dem der Erfolg eintritt, anstatt sich daran aufzuhalten, wie sie sich fühlen würden, wenn sie nicht erfolgreich wären.

19

Wie gehe ich mit Fragen von Erwachsenen um?

Erstens brauchst du bei der Begegnung mit Erwachsenen nicht die Initiative zu ergreifen. Die »wichtigere« Person trifft in der Regel die Entscheidung darüber, ob überhaupt geredet wird und wenn ja, worüber und wie lange. In deinem Fall ist der Entscheidungsträger die ältere Person: Oma Ilse, Onkel Heinrich oder Mutters Freundin Hannelore.

Zweitens kannst du dir im Vorfeld überlegen, welche Themen, über die Erwachsene gern mit Jugendlichen sprechen, dir nicht angenehm sind und welche Alternativen du hast. Mit großer Wahrscheinlichkeit ist ein Schüler, der mit lauter Einsern aufwarten kann, beim Kaffeeklatsch mit der Verwandtschaft eher für das Thema Schule zu haben als einer, der um den Vierer-Durchschnitt kämpft. Solltest du zu dieser Gruppe gehören, kannst du elegant auf ein Thema zu sprechen kommen, das dich mehr interessiert als die Paukerei: »*Sport mache ich in der Schule besonders gern. Und – weißt du: Nächste Woche haben wir ein Tischtennisturnier im Elsass. Spielst du eigentlich noch Fußball?*«

Themenwechsel:
Du nimmst das angebotene Thema kurz auf.
Du schließt eines an, das dir lieber ist.

Dann führst du das neue Thema weiter und lenkst das Interesse deines Gegenübers so, dass er dabeibleibt und nicht wie ein Lehrer fordert: »*Zurück zum Thema, bitte*«.

Das alles heißt nun nicht, dass du nie und nimmer Fragen beantworten solltest. Dieses Rezept ist nur für den Fall anzuwenden, dass du dich bei dem, was die Erwachsenen »Small Talk« nennen, in einem vorgegebenen Thema unwohl fühlst.

Noch wichtiger ist die Fähigkeit, Menschen eine gute Absicht zu unterstellen, selbst wenn deren Verhalten an der Oberfläche nicht unbedingt angenehm ist.

Tante Anna will dich nämlich nicht unbedingt ärgern, wenn sie nach deinem letzten Zeugnis fragt oder nach dem Namen für das kleine runde Ding, das du in deinem linken Nasenflügel trägst. Vielleicht hat Tante Anna, die den meisten Teil ihrer Zeit allein mit Onkel Otto in ihrem Wohnzimmer sitzt, Freude daran, endlich einmal etwas über die Jugend von heute aus dem Mund eines Jugendlichen von heute zu erfahren. Und – so eigenartig dies auf Anhieb auch klingen mag – vielleicht ist die Frage, ob du wirklich so kurze Miniröcke auch in der Schule tragen darfst, eher von Sorge getragen denn als hinterhältiger Tadel gemeint. Welche Absicht dahintersteckt, kannst du herausbekommen, du brauchst nur – freundlich, denn noch ist eine böse Absicht nicht erwiesen! – nachzuhaken: »*Gefällt dir mein Rock?*« Wenn ja, geht es weiter über Röcke, wenn nein – was zugegebenermaßen wahrscheinlich ist – führst du weiter in die Erlebenswelt deines Gesprächspartners: »*Wie war das früher bei dir? Gab es da Kleidervorschriften an deiner Schule?*« Und schon kann Tante Anna von früher erzählen und du bist aus dem Schneider.

Übung

Vorbereitung hilft weiter:
Überlege dir: Was wird bei der nächsten Begegnung ein Verwandter oder Bekannter deiner Eltern garantiert fragen? Wie gehst du elegant mit dem Thema um?

Wenn jemand für meine Eltern anruft, stehe ich oft auf der Leitung: Was soll ich am Telefon sagen?

Dass du dich, um Verwechslungen auszuschließen, mit deinem Vor- und deinem Nachnamen melden solltest, weißt du bestimmt: »*Sophie Schulze*«, nicht »*Schulze*« oder, schlimmer noch, ein in den Hörer gebelltes »*Hallo????*« Dass du Frust – über die Störung, weil du Telefondienst hast, weil dies immer noch nicht der versprochene Anruf eines Freundes ist oder weil du einfach heute schlechte Laune hast, nicht an einem unschuldigen Anrufer auslassen solltest, weißt du auch.

Sobald der andere sich gemeldet hat, ist ein Gruß deinerseits mit Namensnennung an der Reihe: »*Guten Tag, Herr Müller*«.

Ist der gewünschte Gesprächspartner – Mutter, Vater, Schwester, Bruder ... – nicht zu Hause, bietest du an, eine Nachricht zu notieren und sorgst dafür, dass später deine Mutter nicht suchen muss oder vergeblich wählt: »*Sagen Sie mir bitte die Nummer, unter der meine Mutter Sie zurückrufen kann, und die Zeit, zu der sie Sie erreicht?*«

22

Ist der Wunschpartner jedoch zu Hause, antwortest du: »*Ich rufe meinen Vater sofort. Einen Augenblick, bitte.*« Ist dein Vater zum Beispiel im Bad, sagst du natürlich nichts Genaues, aber du teilst fairerweise mit, dass das Suchen eine Weile dauern kann.

Solltest du die Person sein, die an den Apparat gerufen wird, bedankst du dich beim Wartenden für seine Geduld, sobald du den Hörer in der Hand hast.

Und übrigens – was auch geschieht: Ein »*Danke für den Anruf. Auf Wiederhören*« gehört immer an den Schluss.

In den meisten Büros gibt es Telefon-Bericht-Blätter. Dort werden alle wichtigen Daten vermerkt für den Fall, dass der gewünschte Gesprächspartner nicht anwesend war. Was hältst du davon, dir auch einen solchen Merkzettel neben euer Telefon zu pinnen?

Wie kann ich als Gastgeber einer Party dafür sorgen, dass meine Gäste in Schwung kommen?

Du fühlst dich für deine Gäste verantwortlich – gut! Wenn nur jeder Gast mit einem so fürsorglichen Gastgeber rechnen könnte. Drehen wir den Spieß einmal um: Welches Verhalten wünschst du dir als Gast von einem Gastgeber? Wahrscheinlich fühlst du dich wohl, wenn er dich gleich bei deiner Ankunft mit anderen Gästen in Kontakt bringt, damit du keine Sekunde zögernd im Raum stehst.

Und wie entsteht Kontakt? Durch das sofortige Vorstellen der anwesenden Personen: »*Hier kommt Lisa. Und das ist Kathrin, das Karsten, das Tim usw.*«. Logischer-

weise teilst du zuerst den Anwesenden mit, wer da neu hinzukommmt, dann erfährt die oder der »Neue«, mit wem sie oder er es da zu tun hat.

Noch leichter machst du es deinen Gästen, wenn du ihnen mit der Vorstellung einen Gesprächseinstieg bietest: »*Hier kommt Lisa. Sie geht zur Realschule in Solingen und findet Techno mega-cool. Das ist Karsten, er trainiert für die Leichtathletik-Stadtmeisterschaften. Deshalb rührt er schon seit Monaten keine Zigarette mehr an.*« Jetzt kann Karsten erzählen, dass er eine Tante in Solingen hat und Lisa fragen, in welchem Stadtteil sie wohnt. Und Lisa kann sich erkundigen, in welcher Leichtathletik-Disziplin Karsten am besten »drauf« ist. Was du über wen sagst, kannst du dir vorher überlegen.

> **Gäste vernetzen:**
> *Nenne zuerst die jeweils hinzukommende Person, dann die anderen. Sage etwas über sie, das ihnen den Einstieg in ihr Gespräch erleichtert.*

Kann ich mit Witzen die Stimmung verbessern?

Witze sind oft darauf angelegt, auf Minderheiten herumzutrampeln, mal sind die Ostfriesen, mal die Blondinen, mal die Mantafahrer die Opfer. Schmutzige Witze machen vorwiegend Frauen zu Objekten, Witze, bei denen Männer ordinär durch den Kakao gezogen werden, sind (noch?) selten. All diese Witze sollten für dich tabu sein, auch wenn du sie hier und da ganz lustig findest. Denn

selbst wenn sie manchmal eine gewisse Situationskomik aufweisen, ist es unfair und billig, sich selbst dadurch Applaus zu verschaffen, dass man andere lächerlich macht und damit in ihrer Würde verletzt. Sprachwitze hingegen können so manche Party würzen.

Was kann ich gegen feuchte Hände tun?

Die Verhaltensforscher wissen, dass für die Menschen der Frühzeit feuchte Handflächen in Gefahrensituationen überlebenswichtig waren: Damit konnten sie eine Waffe greifen, einen Gegner festhalten und auf der Flucht Halt auf einem Baum finden. So gesehen sind feuchte Hände in Stress-Situationen die normalste Reaktion der Welt, nur heutzutage eben nicht mehr up-to-date. Der Mechanismus ist immer noch derselbe: Dein Gehirn wittert Gefahr, dein Nervensystem bereitet dich instinktiv auf eine körperliche Aktion vor, die du aber gar nicht ausführen musst. Bei einer Party ist nun einmal eher angesagt, dass du dich am Gespräch beteiligst, als dass du dich auf einem Baum in Sicherheit bringst.

Vor dem Hintergrund des Wissens, dass deine Reaktion natürlich ist, kannst du sie bestimmt eher akzeptieren. Bewusst abstellen kannst du sie ohnehin nicht – gegen Instinkte hat es der Verstand schwer.

Das heißt wiederum nicht, dass gar nichts zu machen wäre. Du hast vielleicht schon selbst erfahren, dass deine Gehirntätigkeit stark von deiner Atmung abhängt: Je aufgeregter du bist, desto flacher atmest du – auch ein natürlicher Reflex, der heute nicht mehr nützlich ist.

Denn je flacher du atmest, desto weniger Gehirnleistung vollbringst du. Dazu kommt dann noch, dass deine Stimme gepresst und höher, also schriller wirkt, was gerade bei Mädchen leicht zu dem Urteil »hysterische Zicke« führt. Dagegen hilft eines: ganz tief durchatmen. Hast du schon einmal von der Bauchatmung gehört? Nein? Hast du Lust auszuprobieren, was das ist? Dann brauchst du jetzt zwei möglichst gleich schwere Bücher.

Übung

Bauchatmung:

Lege dich flach auf dein Bett oder den Boden. Lege ein Buch auf deinen Brustkorb zwischen Hals und Brust, das andere auf deinen Bauch zwischen Brust und Nabel. Beim bewussten Atmen spürst du jetzt, wie sich eines der beiden Bücher mehr auf und ab bewegt als das andere. Bist du angespannt, ist es mit Sicherheit das obere. Dann gilt es jetzt, die eingeatmete Luft so tief in den Bauch hineinsinken zu lassen, dass auch und vor allem das andere Buch sich auf und ab bewegt.

Wenn du einmal ein Gefühl für die Bauchatmung hast, kannst du sie in Zukunft im Sitzen oder Stehen – ohne Buch – anwenden. Lege an die Stelle der Bücher jeweils eine Hand und atme so lange tief durch die Nase ein und durch den Mund aus, bis du sicher bist, dass deine Atmung in den Bauch hinein geht. Bald brauchst du dann nicht einmal mehr die Hände, um zu spüren: Ich atme tief und das tut gut.

26

Denn du spürst mit der Zeit, dass sich deine Atmung verlangsamt und du ruhiger wirst. Diese einfache Art, dich zu entspannen, kannst du an allen Orten dieser Welt zu jedem Augenblick ausüben, du brauchst nur daran zu denken. Die Erinnerungsstütze hierfür können sogar deine feuchten Hände sein, die trocken werden, sobald du dich entspannter fühlst.

> **Tiefes Atmen entspannt:**
> *Nutze deine feuchten Hände als Gedächtnisstütze für eine bewusstere Atmung.*

Warum sollte man »mit beiden Beinen fest auf der Erde« stehen?

Du weißt vielleicht aus dem Biologieunterricht, dass die rechte Hirnhälfte die Bewegungen der linken Körperhälfte steuert und umgekehrt. Die Hirnforscher wissen darüber hinaus, dass die Art der Bodenhaftung die Durchblutung des Gehirns beeinflusst. Wenn du also dein Gewicht vorwiegend auf einen Fuß verlagerst, durchblutest du vorrangig eine Hirnhälfte – und logischerweise nicht beide.

Einige Forscher vermuten nun, dass die Stärke der Durchblutung einen Einfluss auf die Denkleistung hat, und sie wollen in gar nicht so ferner Zukunft beweisen, dass jeder von uns sein Gehirn besser nutzt, wenn er auf beiden Füßen steht. Walt Disney war übrigens schon zu seiner Zeit fest davon überzeugt, dass er durch die Stel-

lung seiner Füße und die Verlagerung von Druck seine Energie und seine Kreativität beeinflussen konnte, und er nutzte dieses Prinzip ganz bewusst. Wenn man bedenkt, was dabei alles herausgekommen ist: gar nicht schlecht, was?

Auftreten hilft beim Auftreten:
So oft du daran denkst: Sorge dafür, dass du mit beiden Beinen auf der Erde stehst.

Man wirft mir oft vor, dass ich sehr leise spreche. Ist das wirklich so schlimm?

Schlimm ist das mit Sicherheit nicht. Leise sprechen kann sogar als Machtmittel genutzt werden. Denke nur einmal daran, wenn der Geräuschpegel im Klassenzimmer ansteigt und der Lehrer plötzlich leise spricht – da ist dann ganz schnell Ruhe im Saal.

Wenn eine Lehrerin aber auf Dauer herumpiepst wie Mickey Mouse, bekommt sie mit Sicherheit in eurer Klasse keinen Fuß auf den Boden. Leider wirkt eine leise Stimme auf andere eher bescheiden und oft sogar unsicher, die Franzosen sagen: »*Sie wischt sich selbst weg.*«

Daher mag es gut sein, wenn du deine Stimme ein wenig entfaltest. Was übrigens nicht unbedingt heißt, dass du dich anstrengst, lauter zu sprechen. Wahrscheinlich bekommst du als erstes mehr Volumen – und die Lautstärke zieht automatisch mit. Hast du wieder Lust auf eine kleine Übung?

> **Die Stimme entfalten:**
> »Man sollte die Dinge tun, denn vom Denken allein ändert sich nichts.«
> Sprich diesen Satz in deiner normalen Sprechlautstärke.
> Jetzt huste einmal vor dich hin, gähne dazwischen tief und ausgiebig, und summe einen Ton, auf den du Lust hast.
> Eine, zwei, drei Minuten lang.
> Nun sprich den Satz noch einmal.

Übung

Was stellst du fest? Wahrscheinlich, dass du ihn mit mehr »Ton« sagst. Mit einem Ton, der überzeugender klingt als zuvor. Stimmt's? Woher das kommt? Du hast mit dem Husten und Gähnen deine Sprechmuskulatur gelockert und mit dem Summen deine Stimmbänder und dadurch mehr Ausdrucksfähigkeit erreicht. Wenn du die Übung mit einem Kassettenrekorder machst, kannst du das Ergebnis besser, weil objektiver, überprüfen.

Manche finden mich arrogant, ich bin aber doch bloß schüchtern!

Frage einmal nach, warum sie dich für arrogant halten. Da kannst du Antworten erwarten wie: »*Sie ist ein Snob, weil sie auf uns herabschaut.*« Oder: »*Sie sieht uns nie ins Gesicht.*« Oder: »*Er lächelt so gut wie nie. Er guckt immer so misstrauisch.*« Und du denkst bestimmt: Wie kommen die nur darauf? Wenn du eine Videokamera

hättest, könntest du sehen, wie du aussiehst, wenn du dich schüchtern fühlst und müsstest deinen Kritikern möglicherweise sogar Recht geben. Gegen Schüchternheit, die hochnäsig wirkt, und gegen den Snob-Appeal ist ein Kraut gewachsen:

> ### Gegen den Snob-Appeal:
> *Schau deinem Gesprächspartner ins Gesicht.*
> *Entspanne deine Gesichtszüge.*
> *Traue deinem Gegenüber zu, dass es fair mit dir umgehen wird.*

Wenn du es als aufdringlich oder beängstigend empfindest, einem Menschen fest in die Augen zu schauen, konzentrierst du am besten deinen Blick auf seine Nase. Oder du lässt ihn immer wieder weg von seinem Gesicht schweifen, kommst aber langsam wieder zu seinen Augen zurück: Das macht ihn sicherer und dich auch.

Zum Thema Entspanntheit: Natürlich ist ein Zahnpasta-Werbungs-Lächeln albern. Du brauchst dich auch nicht zum Dauergrinser zu entwickeln. Die steile Falte auf deiner Stirn oder die zusammengebissenen Lippen kannst du dir jedoch abgewöhnen. Schau dich morgens im Spiegel mit deinem »Alltagsgesicht« an: Gefällst du dir so? Wenn nein, stell dir vor, es fliegt ein grünes Kaninchen durch euer Bad. Na, kommt dann ein – flüchtiges – Lächeln über deine Lippen? Spürst du den Unterschied in deiner Gesichtsmuskulatur? Dann ist das Ziel erreicht. Übrigens ist lächeln viel weniger anstrengend

als finster dreinzublicken: Beim Lächeln sind nicht halb so viele Muskeln angespannt wie beim ernsten Gesicht!

Wenn ich unsicher bin, nuschele ich. Kann ich das abstellen?

Die Höhe deiner Stimme – zwischen Bass und Sopran – kannst du nur begrenzt beeinflussen, die Deutlichkeit deiner Aussprache kannst du hingegen erhöhen. Du merkst es schon, eine Übung ist in Sicht. Geh bitte in eure Küche und schau nach, wo du den Korken einer Weinflasche findest. Leg ihn vor dich hin. Jetzt bekommst du einen Übungssatz, er stammt von Abraham Lincoln: »*Die meisten Menschen sind so glücklich, wie sie es sich selbst vorgenommen haben.*«

Anti-Nuschel-Übung:
Sprich diesen Übungssatz in deiner Alltags-Sprechweise.
Fasse den Korken an seiner Rundung und halte ihn mit den Fingern zwischen den Schneidezähnen fest. Lies den Satz mit dem Korken noch einmal – zweimal, dreimal, viermal, bis ein mögliches Gegenüber ihn verstehen würde. Der Korken bleibt dabei fest zwischen deinen Zähnen eingeklemmt.
Nimm den Korken aus dem Mund.
Lies den Satz noch einmal.

Übung

Was war der Effekt? Nun gut, wahrscheinlich musstest du zuerst einmal mit dem Lachen kämpfen. Dann hast

du aber sehr genau gehört, dass nach der Korken-Übung deine Aussprache erheblich deutlicher war als zuvor. Woher das kommt? Das spürst du an dem Muskelkater in deiner unteren Gesichtshälfte: Der Korken zwingt dich, deutlicher zu artikulieren. Das ist logisch, einleuchtend, erfolgreich; deshalb üben Schauspieler auf diese Weise. Auch diesen Effekt »vorher – nachher« kannst du mit dem Kassettenrekorder noch viel deutlicher wahrnehmen.

In eurem Haushalt gibt es keinen Weinkorken? Auch kein Problem! Dann hältst du dir einen Bleistift – den aber dann bitte quer – zwischen die Lippen.

Wie kann ich den Eindruck von Sicherheit vermitteln, selbst wenn ich gar nicht sicher bin?

Du fürchtest, man könnte dir deine Unsicherheit an der Nasenspitze ablesen? Dann solltest du an zwei Prinzipien der zwischenmenschlichen Kommunikation denken:

1. Wie es in dir aussieht, weiß niemand außer dir: Meistens merken andere nicht einmal einen Bruchteil deiner inneren Nöte. Das ist bei unsicherem Auftreten gut so.

2. Perfektion weckt Aggression: Menschen, die nicht aalglatt sind, Menschen, denen man anmerkt, dass sie Gefühle haben, Menschen, denen nicht alles locker von der Hand geht, wirken auf andere sympathischer. Weil ja auch denen nicht immer alles auf Anhieb gelingt. Helden sind ideal für das Bilderbuch und für die Show, im Alltag sind sie viel weniger gefragt – und

schon gar nicht, wenn sie sich ihres Heldentums und ihrer tollen Leistungen brüsten.

Das heißt: Ein Gefühl perfekter Sicherheit braucht dein Ziel gar nicht zu sein. Schon gar nicht sollte dein Ziel sein, den andern Gefühle vorzugaukeln, die du gar nicht hast.

So kannst du dir zum Beispiel, wie du aus der Übung »Erinnerung an Erfolg« schon weißt, eine Zielvorgabe machen und dir fest vornehmen: So sicher möchte ich auftreten. Hierzu eine Übung für Fortgeschrittene.

Erfolgsvision:
Setze dich bequem hin und schließe die Augen.
Stell dir vor, wie du in einer Situation, die irgendwann auf dich zukommt, wirken möchtest.
Schau dich bei deinem Idealverhalten genau und von vorn an:
Wie hältst du deinen Körper, deinen Rücken, deine Schultern?
Wie sind deine Mimik und Gestik?
Welche Kleidung in welchen Farben trägst du?
Mach dir deine Vorstellung von dir selbst.
Konzentriere dich nun ganz auf dein Bild von dir, verwische alles, was um dich herum ist.
Zoome dich an dich heran, präge dir das Bild in seiner ganzen Anmutung und in allen Details ein.

Übung

In Zukunft kannst du dir vor jeder Situation, in der du eine gute Figur machen willst, als Zielvorgabe dieses Bild

vor Augen führen. Du wirst sehen: Du trittst immer sicherer auf, fühlst dich immer sicherer, kommst deinem Ziel immer näher – und bleibst dabei ganz du selbst.

Die meisten Menschen sind so glücklich, wie sie es sich selbst vorgenommen haben.
Nimm's dir vor.

Im Unterschied zu der Übung, die du bereits kanntest, greifst du hier nicht auf vergangene Erfahrungen zurück, sondern baust dir eine Vorstellung auf, ein Bild von einem guten Zustand, auf den du hinarbeiten kannst. Du kannst dich auch einmal, sobald du deine Vision von deinem Auftreten im Kopf hast, vor einen großen Spiegel stellen und ausprobieren, wie du tatsächlich aussiehst. Vielleicht musst du dann die eine oder andere Bewegung noch korrigieren. In jedem Fall weißt du, wie was aussieht – und bist dabei immer die oder der Alte. Du hast nämlich gerade eine Möglichkeit kennen gelernt, dich flexibler und zielorientierter zu verhalten als bisher.

Haben andere eigentlich auch solche Probleme?
Ich kann jedem Menschen nur wünschen, dass er Probleme mit sich hat. Denn erstens gilt »nobody is perfect« – siehe oben. Zweitens können nur solche Menschen, die mit sich hier und da unzufrieden sind, sich verändern und dadurch selbstbewusster werden. Wer es sich dauerhaft wie die Made im Speck des Lebens wohl sein lässt, wer kein Ziel hat und keinen Weg, hat das Leben

schon hinter sich. Auf andere wirkt er entweder arrogant oder abgeschlafft. Nun ist es ja ziemlich anstrengend, sich ständig zu hinterfragen, sich ständig im Umbruch zu fühlen. Im Chinesischen hat das Schriftzeichen für »Krise« zwei Teile, der eine bedeutet »Gefahr«, der andere »Chance«. Es liegt also in jeder Schwierigkeit und in jeder Frage, die du dir über dich und das Leben stellst, außer der unangenehmen, »stressigen« Seite auch die Möglichkeit, etwas draus zu machen.

Was hindert dich, dieses Thema einmal mit einem guten Freund anzuschneiden? Ist es die Sorge, er könnte dich auslachen? Wenn die berechtigt ist, ist er nicht wert, dein Freund zu sein. Oder findet die Sorge »nur« in deinem Kopf statt? Vielleicht weil ihr noch nie über persönliche Dinge gesprochen habt? Dann solltest du den Versuch wagen. Schließlich kannst du nicht von deinem Freund erwarten, dass er sich dir gegenüber öffnet, wenn du ihm nichts Intimes anvertraust. Fang einmal mit einer kleinen persönlichen Aussage an, wie zum Beispiel: »*Ich werde immer rot, wenn ...*« Und schließe dann die Frage an: »*Wie ist das bei dir?*«

Dann kannst du nicht nur deine Seele ausschütten, vielleicht bekommst du durch die Erfahrungen deines Freundes sogar Anregungen. Von Freund zu Freund.

Warum kann ich nicht so bleiben, wie ich bin?

Natürlich sollst du so bleiben, wie du bist. Man kann und man sollte dich in Ruhe lassen, wenn du das wünschst, heute oder die ganze Woche. Wenn du

schlechte Laune hast und sie nicht an anderen auslässt: kein Problem. Niemand hat das Recht, von dir zu fordern: »*Jetzt ändere dich gefälligst, damit ich besser mit dir zurecht komme.*« Da wäre schon eine Diskussion fällig, in denen man dir erklärt, warum.

Und wenn du keinen Kontakt willst, sind Tipps zu einer besseren Kontaktpflege für dich überflüssig. Es ist deine Entscheidung, dass du deine Ruhe haben willst, und die ist von Gleichaltrigen und Fremden zu akzeptieren. Punkt. Aus. Schluss.

Übrigens ist Ziel und Zweck dieses Buches keinesfalls, dass du dich änderst. Ziel und Zweck ist lediglich, dass du deine Wahlmöglichkeiten erhöhst.

2. Zu zweit allein
Wie sag ich's meiner Flamme?

Otto liebt Anna, macht ihr einen Heiratsantrag, sie haucht »ja«, bald kommen viele Kinderlein, sie leben glücklich und zufrieden, und wenn sie nicht gestorben sind, dann leben sie heute noch ... An das Märchen von der einzigen Liebe, die kein Hin und Her, keine Hochs und Tiefs, keine Unsicherheit und kein Beben in der Magengrube kennt, glaubt heute kaum noch jemand.

Wenn schon Freundschaft oft genug schwierig ist, ist es Liebe mit ihrem erhöhten Grad an Intimität und Verletzbarkeit noch viel mehr. Denn Liebe ist auch ein Risiko: Was aus Alleinsein und Einsamkeit erlöst, macht im Anfangsstadium der Verliebtheit und an kritischen Punkten des Miteinanders befangen. Daran werden wir nichts ändern, das müssen wir auch nicht. Jedoch können wir Stolpersteine aus dem Weg räumen und einige Splitter und Kanten der Beziehungs-Kiste glatt hobeln.

Manche Fragen dieses Kapitels wurden mir im Lauf der letzten Jahre ausschließlich von Mädchen, andere hauptsächlich von Jungen gestellt. Das berücksichtige ich in den Anworten. Aber auch bei Fragen und Antworten, die sich auf beide Geschlechter beziehen können, habe ich auf die komplizierte Wendung »sie/er« verzichtet und mich mal für »sie«, mal für »er« entschieden. Fühle dich also bitte auch dann angesprochen, wenn du nicht direkt angesprochen wirst.

Wenn mich jemand ansieht, den ich nett finde, fange ich an zu stottern. Was kann ich dagegen tun?

Solange du dich darauf konzentrierst, dass du das Stottern vermeiden musst, wirst du weiterstottern. Dein Gehirn kann nämlich Verneinungen nicht verstehen. Wenn du ihm den Befehl gibst: »*Nicht stottern*«, killert es das »*nicht*« aus dem Befehl heraus, gibt sich den Auftrag »*stottern, bitte*« und befolgt diesen Befehl ganz brav.

> ### Dem Gehirn Arbeitsanweisungen geben:
> *Gib deinem Gehirn den Auftrag, das zu tun, was du tun willst, anstatt das zu unterlassen, was du nicht willst.*

So kannst du dein Gehirn zum Beispiel anstatt ihm ein Verbot aufzuerlegen mit der recht vernünftigen, positiv und zielgerichtet formulierten Aufgabe beschäftigen, Blickkontakt zum Gegenüber zu halten. Daraufhin lässt das Stottern automatisch nach und ist irgendwann verschwunden. Du wirst das gar nicht mehr bewusst registrieren, weil du das Stottern vergessen hast.

Oft passiert in schwierigen Situationen in deinem Kopf noch mehr als die Ausführung des Befehls »*Nicht stottern*«. Dann bist du mit dir selbst im Gespräch und gehst wahrscheinlich dabei nicht gerade nett mit dir um: »*Jetzt geht gleich das Gestottere wieder los*«, sagst du dir, oder ähnliches. Du nimmst dein gefürchtetes Verhalten geradezu vorweg und brauchst dich dann auch nicht zu wundern, wenn die negative Prophezeiung wahr wird:

Dein Gehirn tut dir den – hier nun leider schlechten – Gefallen, dass das, was du dir vorgenommen hast, eintritt.

»*Verflixt nochmal, du bist auch wirklich ein Idiot.*« Wenn du dich beschimpfst, vergrößerst du den Ärger über dich und ziehst dir immer mehr von der Kraft, Dinge erfolgreich zu tun, ab; dabei hast du die genauso in dir wie die Fähigkeit, »Mist zu bauen«.

»*Auch dieses Mal klappt's nicht.*« Erinnerst du dich in einer komplizierten Lage an frühere Misserfolge? Das ist menschlich, aber schade. Versuche eher, an Gelegenheiten zu denken, bei denen du erfolgreich warst.

»*Sie hat gerade gelacht, bestimmt über mich, sie findet mich total blöd.*« Hier tust du so, als könntest du die Gedanken deines Gegenübers lesen. Das ist ein Irrtum. Frag, was jemand bezweckt, anstatt sein Verhalten zu interpretieren.

Konkret an positives Verhalten denken:
Negative Prophezeiungen schaffen negative Handlungen.
Ärger kostet Energie.
Negative Erinnerungen prägen deine Erwartungen negativ.
Gedanken lesen bringt nichts.

Ein Beispiel:
Sie denkt: Ist der süß, der sieht eine wie mich bestimmt nicht einmal.

Sie sagt daher sehr schüchtern: »*Hallo*«.

Er denkt: So eine tolle Frau, der kann ich ja das Wasser nicht reichen. Sie hat auch nur ganz abweisend und leise »*Hallo*« gesagt.

Er sagt: »*Hallo*« und wendet sich ab, damit sie nicht sieht, dass er dabei rot wird.

Hier passiert Folgendes:

Sie   Er
denkt → redet   redet ← denkt
↓ →   ← ↓

Verstehen werden sich die beiden nie, weil jeder seine eigene Landkarte im Kopf hat, die aus der sehr individuellen Mischung aus Ansichten und Erlebnissen entstanden ist. Zumindest werden sie sich nicht verstehen, solange nicht wenigstens einer der beiden den Mund aufmacht und mehr über sich sagt. Mit oder ohne Stottern.

Wie spreche ich ein Mädchen an, das mir gefällt?

1. »*Hallo, ich bin Stefan. Kann es sein, dass wir uns schon einmal im Jugendzentrum gesehen haben?*« Das funktioniert genauso wie beim Ansprechen anderer Menschen. Nur dass du einen zusätzlichen Schritt über die Hürde Befangenheit nimmst.

2. »*He, sag mal, ich find dich megageil. Kommst du mit auf ne Cola? Ich will was mit dir bereden.*« Nur ganz we-

nige Mädchen finden eine so direkte Anmache cool. Den meisten ist es lieber, wenn der Übergang von der Distanz zur Nähe sich schrittweise vollzieht und sie – nicht nur sie! – die Chance haben, sich aus der Affäre zu ziehen, wenn bei näherem Hinschauen die Sympathie nachlässt. Also eher: »*Ich hol mir ne Cola, magst du auch eine?*«

3. Was hindert dich daran, in der Disko auf ein Mädchen zuzugehen und sie zum Tanz aufzufordern? Tanzen ist eine ideale Beschäftigung zu zweit: Ihr braucht nicht viel zu reden, könnt aber doch ein paar Worte austauschen, ihr könnt Tanzpausen machen, euch verabschieden, austesten, wie nah ihr euch kommen wollt, zwischendurch an der Bar ein Getränk holen und reden. »Ein Tänzer ist besser als eine Statue« – sich bewegen ist besser als herumstehen, das Sprichwort ist zwar im übertragenen Sinn gedacht, gilt aber auch ganz konkret.

4. Dabei gilt »Finger weg« am Anfang sowieso, siehe Tipp 2. Wenn viele Mädchen die Köpfe zusammenstecken, hast du es schwer, dich unter den kritischen Blicken der anderen, die ja im Moment nicht angesprochen werden, zur Frau deiner Wahl vorzuarbeiten. Und das Mädchen überprüft, ob du diesen Blicken standhältst. Das alles ist zu viel auf einmal. Also: Vorsicht bei Mädchen im Rudel. Beobachte das Mädchen, das dir gefällt, aber warte möglichst, bis du sie allein triffst. Das kann auf dem Weg zum Getränkeautomaten sein, wenn sie allein zur Tanzfläche geht, oder auf dem Weg zur Bushaltestelle.

Meinem Freund liegen die Mädchen zu Füßen, ich stehe immer dumm daneben.

Anstatt Däumchen zu drehen und sauer zu sein auf den Rest der Welt, kannst du beobachten: Was macht dein Freund, wenn er offensichtlich attraktiv wirkt? Vielleicht wurde ihm ein sonniges Gemüt in die Wiege gelegt und das ist bei dir möglicherweise nicht der Fall. Vielleicht tut er aber auch – bewusst oder unbewusst – Dinge, die ihn gerade bei Mädchen beliebt machen.

Manche Jungen treten aggressiv als Machos auf oder legen ein aufdringliches Imponiergehabe an den Tag. Das mögen Mädchen eher nicht. Auch chronische Spaßvögel sind kaum gefragt. Attraktiv, also anziehend, wirkt nicht ein Applaus heischender Selbstdarsteller, sondern eine Person, die einer anderen Interesse entgegenbringt: offenes, ehrliches Interesse, das nicht in Neugier ausartet.

Wahrscheinlich bringt dein Freund es fertig, einem Mädchen, das er anspricht, zu signalisieren: Du interessierst mich in erster Linie als Mensch.

Wahrscheinlich geht er bei jedem Mädchen anders vor, je nachdem was sie sagt und tut. Versuch einmal, diese

Strategie für dich zu übersetzen. Denn die Worte deines Freundes müssen für dich nicht unbedingt passen. Das aber sollten sie, sonst würde frau dir eine plumpe Anmache vorwerfen.

> **Gutes darf man ruhig kopieren:**
> *Such dir ein positives Beispiel, an dem du Erfolgsstrategien beobachten kannst.*

Das gilt im Übrigen für anziehende Mädchen ganz genauso. Kichern, kreischen, schrill die Aufmerksamkeit auf sich ziehen – das kann zwar für einen Augenblick wirken. Aber denkst du, ein Junge lässt sich allen Ernstes mit einem Mädchen, das es drauf angelegt hat, ständig als die »Queen« im Mittelpunkt zu stehen, auf Dauer gern sehen? Er stünde schließlich immer nur als zweite Garnitur und »Prinzgemahl« daneben, und wer hat das schon gern?

> **Was attraktiv wirkt:**
> *Ohne Masche, ganz echt und individuell Interesse zeigen.*

Ich kann mich nicht so gut ausdrücken.

Schau deinem Freund einmal genauer aufs Maul. Wahrscheinlich drückt auch er sich Wort für Wort ansprechend aus. Eine Sprache, der andere gern zuhören, ist in erster Linie anschaulich. Wenn dein Gesprächspartner

sich – wie das Wort »an-schau-lich« besagt – ein Bild von dem machen kann, was der Sprecher ihm sagt, fühlt er sich eher angesprochen als von gegenstandslosen Floskeln.

So kannst du zum Beispiel

- **Gegenstände mit Adjektiven ausschmücken:**
  Statt zu sagen: »Gestern war ich in einem Film«, kannst du die Qualitäten des Films erläutern:
  »Gestern war ich ich einem langweiligen / spannenden / packenden / mitreißenden Film.«
  Oder war er *»traurig / zum Heulen / witzig / komisch«*? »Gigantisch, cool, geil« und weitere Modewörter helfen dir nur begrenzt, sie sagen so gut wie nichts und keiner kann ahnen, was sie für dich bedeuten.

- **Handlungen mit Adverbien und adverbialen Bestimmungen präziser darstellen:**
  Wie bist du in den Film gegangen? *»Auf den letzten Drücker / schlecht gelaunt / mit zwei Freunden?«*

- **mit Sprachbildern Welten eröffnen:**
  »Dieser Film hat mich nicht vom Hocker gerissen.«
  »Bei dem Film hebst du ab.«
  »Während alle anderen ihre Taschentücher herausholten, blieb ich standhaft wie ein Fels in der Brandung.«
  Du stimmst mir sicher zu: dies ist aussagekräftiger als *»Alle haben geweint, ich nicht.«*

- **statt Allgemeinplätzen konkrete Handlungen erwähnen:**
  »*Die Berufsauswahl wird schwierig für mich werden*« klingt trocken. »*Ich habe schon schlaflose Nächte hinter mir, weil ich nicht recht weiß, was ich werden soll. Ich glaube, ich sollte mich beim Arbeitsamt beraten lassen*« ist lebendiger.

Wenn du willst, dass man dir zuhört, erzähl kleine Geschichten, statt Theorien zu entwickeln und Phrasen zu dreschen.

> **Lebendig sprechen:**
> *In einer an-sprech-enden Sprache zählen Erlebnisse statt Ergebnissen.*

Wenn du bisher eher eine farblose Sprache gesprochen hast – und das tun viele Leute (zum Teil aus Bequemlichkeit) – brauchst du ein wenig Übung, um das zu ändern. Doch wie sagen die Chinesen: Auch eine lange Reise beginnt mit einem ersten Schritt. Wenn du dich mehr auf das Wie deiner Aussagen konzentrierst als bisher, schreibst du mit der Zeit auch bessere Aufsätze, das wird dich nicht stören.

> **Denken und Sprechen:**
> *Dein Denken beeinflusst deine Sprache, deine Art zu sprechen prägt dein Denken.*

45

Wortschatz:

Hast du Lust, mit einem Satz aus dem richtigen Leben herumzuspielen? Dann notiere doch einmal Alternativen für die Aussage:

»Da kamen ein paar Boys angelatscht.«

Sind die »Boys ...«

fremde Jungs oder nette Kerle? Blöde Heinis, gute Kumpel? Coole Typen oder Milchgesichter? Starke Männer, stramme Mannsbilder ...

Wie sollen wir uns ihr »Latschen« vorstellen?

Gehen, promenieren, rennen, laufen, stolzieren, flanieren, schlurfen, rasen, ankommen, um die Ecke biegen, die Stufen hinauf steigen, hinken, humpeln, torkeln, trippeln, flitzen, traben, stapfen ...

Oder ein anderer Beispielsatz:

»Die Keule war total geil.«

Eine »Keule« ist

ein Mädchen, eine klasse Frau, eine Fünfzehnjährige, eine Klassenkameradin, eine Amerikanerin, eine Austauschschülerin, eine Kellnerin ...

»total« ist:

sehr, ziemlich, recht, besonders, vorwiegend, ausgesprochen, außergewöhnlich ...

und mit »geil« ist hier wohl gemeint:

nett, freundlich, ansprechend, attraktiv, hübsch, schrill, aufgedonnert, intelligent, hilfsbereit, sie macht was her ...

Das Üben einer lebendigen Ausdrucksweise wird dir übrigens leichter fallen, wenn du mehr liest. Beschränke dich dabei nicht auf Fachzeitschriften, die immer wieder die gleichen technischen Ausdrücke umwälzen, lies lieber Romane, in denen das Leben tobt. Mit der Zeit stellst du fest, dass du, weil du mehr Wörter benutzt, mehr Dinge wahrnimmst als zuvor. Du wirst sensibler für deine Umwelt und das kann nur von Vorteil sein, gerade im Umgang mit Menschen, die du magst.

In deiner Clique kannst du ruhig weiterhin hier und da die gängigen In-Wörter benutzen, die gehören ja einfach dazu. Was aber nicht heißt, dass du nicht darüber hinaus deiner Sprache mehr Ausdruck verleihen könntest. Wenn dir hin und wieder eine Floskel auf der Zunge liegt, such dir eine Alternative. Es geht!

Wie kann ich wissen, was er oder sie denkt?

Gedankenlesen ist so gut wie unmöglich, wie oben beschrieben. Aber ich will dir eine weitere Methode vorstellen, mit der du deine Wahrnehmungsfähigkeit und damit auch deinen Charme erhöhst, das ist der Du-Standpunkt.

Jeder Mensch sieht die Welt aus seinem Blickwinkel, darüber haben wir schon gesprochen. Spannend wird es, wenn wir versuchen, die gemeinsame Welt aus der Perspektive der anderen zu sehen, uns in ihre Lage zu versetzen, frei nach dem indianischen Sprichwort »Urteile nie über einen anderen Menschen, solange du nicht in seinen Schuhen gegangen bist.«

Ein Beispiel: Am Disko-Tresen ist kein Platz für euch beide. Du kannst schulterzuckend sagen: »*Schade. Kein Platz.*« Du kannst aber viel besser sagen: »*Gehen wir miteinander dort drüben hin, wo Platz ist?*« Oder: »*Möchtest du lieber an der Theke stehen oder dich dort drüben hinsetzen?*«

Dann hat die angesprochene Person

1. eine positive Aussicht: Denn das, was möglich ist, ist viel interessanter als das, was nicht geht.
2. die Wahl: Du lässt ihr die Freiheit zu entscheiden.

Ein weiteres Beispiel: Heute Abend ist nichts los. Neben dir eine Person, mit der du anbändeln möchtest.

Du kannst sagen: »*Stinklangweilig mal wieder hier.*«

Du könntest besser sagen: »*Gefällt es dir hier?*« Wenn ja, dann bleib und suche ein gemeinsames Gesprächsthema. Sagt sie nein, frage sie, was sie von einem Ortswechsel hält.

Es läuft immer auf das Gleiche hinaus: Erstens ist es angenehmer, frei zu entscheiden, als gegängelt zu werden. Zweitens erfährst du durch die Entscheidungen und Handlungen der anderen erheblich mehr über sie, als wenn du Entscheidungen für sie triffst.

> **Der Du-Standpunkt:**
> *Versetze dich in die Lage der angesprochenen Person, gib ihr positive Aussichten, lass ihr die Wahl.*

Abgeblitzt! Was nun?

Sie hat dir einen Korb gegeben. Vielleicht tut sich nun der Boden unter deinen Füßen auf, alle anderen biegen sich vor Lachen, halten dich für einen Versager und werden nie wieder ein Wort mit dir reden. Du könntest dich in einem Mauseloch verkriechen, so groß ist deine Scham. Tatsächlich? Schade, denn außer in deinem Kopf tut sich dergleichen in der Regel wahrscheinlich überhaupt nicht.

Versuche, deine Konzentration von den möglichen Zuschauern wegzulenken. Mach dir klar, dass die Abfuhr gar nicht unbedingt etwas mit dir zu tun hat. Es kann sein, dass die junge Dame heute sowieso schlecht gelaunt ist, dass sie an etwas dachte, das ihr Kummer macht oder sehr beschäftigt, dass sie in einen anderen Jungen verknallt ist.

Es kann natürlich auch sein, dass du etwas in ihren Augen Unpassendes getan oder gesagt hast. Überdenke, was geschehen ist, wie du gesprochen und wie du dich bewegt hast.

So schmerzhaft die Erinnerung auch sein mag: Lass den Film, den du erlebt hast, noch einmal vor deinem inneren Auge ablaufen. Vielleicht bist du ihr ganz einfach zu nahe getreten, im wahrsten Sinn des Wortes.

Wo hast du dich aufgehalten, als du mit der Frau deines Herzens Kontakt aufnehmen wolltest? Der Übergang von der gesellschaftlichen Zone zur persönlichen Zone wäre richtig gewesen, also eine allmähliche Annäherung von drei über zwei auf einen Meter. Das Eindringen in

die intime Zone ist nur mit eindeutigen Signalen von der Gegenseite statthaft. Hätte sie sich zum Beispiel an dich angelehnt, deinen Arm oder deine Hand flüchtig gestreichelt, hättest du auch von dir aus die Entfernung weiter verringern können.

Bist du ihr aber zu nahe getreten? Dann versuchst du nächstes Mal eine langsamere Strategie. Und wende bitte nicht ein, im Eifer der Verliebtheit sei so viel Sensibilität nicht möglich: wenn sie nicht möglich ist, bist du nicht verliebt, sondern kopflos.

Die Distanz-Zonen:

Du kannst allgemein unterscheiden

- *die öffentliche Zone: Abstand dreieinhalb Meter und darüber,*
- *die gesellschaftliche Zone: gut ein bis dreieinhalb Meter,*
- *die persönliche Zone: ein halber bis ein Meter,*
- *die intime Zone: null bis ein halber Meter.*

Auf keinen Fall solltest du bei einer Ablehnung dem Mädchen die Schuld geben und dich mit einem Schimpfwort schulterzuckend abwenden. Sag und denke »schade« und geh gelassen weiter. Obwohl sie für dich die Frau deiner Träume war, gilt auch hier und bei allen nächsten Malen: neues Spiel, neues Glück.

Es ist ganz schlimm: Mich spricht nie ein Junge an.

Würdest du als Junge das Mädchen, das du bist, anspre-

chen? Nein? Was müsste dieses Mädchen denn tun, damit du Lust dazu hättest? Vielleicht müsste sie sich mehr an Orten aufhalten, an denen Teens ungezwungen miteinander zusammen sind, und weniger zu Hause sitzen und an den Hausaufgaben herumkauen – Lehrer bitte weghören!

Vielleicht bräuchte sie einen neuen Haarschnitt, ein wenig Makeup, eine straffere Körperhaltung. Vielleicht müsste sie auch äußerlich gar nichts verändern. Vielleicht sollte sie lediglich öfter einmal von sich denken: Ich bin es wert, dass man mich anspricht. Ich habe was zu sagen und zu erzählen. Ich bin natürlich und ehrlich. Ich lasse mir nicht von Hinz und Kunz vorschreiben, was ich zu tun und zu lassen habe. Ich verstecke mich nicht und versuche auch nicht, mich aufzudrängen. Wer mit mir engeren Kontakt hat, kann sich freuen, dass ich seine Freundin bin. Sie wäre also ein selbstbewusstes Mädchen und würde allein dadurch schon anziehend wirken.

Schreib doch einmal auf, welche konkreten und individuellen positiven Aspekte du an dir findest. Wenn du Spaß daran hast, stelle eine Anzeige auf, wie du sie auf den Kontaktseiten deiner Tageszeitung findest: »Sie, 14, blond und clever ...«

Von all dem einmal abgesehen: Die Zeiten, in denen ein Mädchen sittsam darauf wartete, bis ein Junge sich anschickte, es anzusprechen, sind vorbei. Was hinderte dich bisher daran, die Initiative zu ergreifen? Eigentlich nichts? Dann stell dir einmal vor, du tust das. Jetzt.

Übung

> **Jemanden ansprechen:**
> *Du machst dich in Gedanken daran, einen*
> *Menschen anzusprechen, der dir gefällt.*
> *Mit Sicherheit strafft sich jetzt dein Körper.*
> *Dein Kopf sitzt gerade auf dem Hals, du senkst ihn*
> *nicht (was du vorher wahrscheinlich tatest).*
> *Deine Lider sind nicht niedergeschlagen (du bist es*
> *ja auch nicht).*
> *Du schaust dem Objekt deines Interesses lächelnd*
> *ins Gesicht.*
> *Du bist zuversichtlich und das sieht man dir ganz*
> *einfach an.*
> *Diese Haltung kannst du üben. Jeden Tag ein bis*
> *zwei Mal.*

Auch Mädchen können also die Initiative ergreifen. Das ist auf jeden Fall besser, als an die Helfergefühle eines Jungen zu appellieren. Du kennst das vielleicht: Ein Mädchen lässt etwas fallen, der Junge bückt sich danach, hebt es auf, sie dankt, indem sie ihm den Kopf zuneigt. Halt, das kennst du aus alten Filmgeschichten. Aus »Vom Winde verweht« vielleicht oder aus »Casablanca«. Für ein Mädchen von heute ist das nichts als eine Masche.

> **Kontakt aufnehmen:**
> *Gerade halten, Kopf hoch, Blickkontakt aufbauen,*
> *lächeln.*

Ich vermute, er mag mich, aber ich bin nie mit ihm allein.

Wenn du immer nur mit deinen Freundinnen in der Clique ausgehst, kannst du gegen dieses Hindernis leicht etwas tun. Du kannst auch verhindern, dass er dich in Begleitung deiner Freundinnen als albern und affektiert betrachtet, du brauchst bloß die Bussi-Bussi-Schau nicht mitzuspielen, mit der viele Mädchen ihre Gruppenzugehörigkeit demonstrieren. Gib ihm die Chance, dich als Einzelperson zu betrachten und dich als solche näher kennen zu lernen.

Natürlich kannst du das Ansprechen auch selbst übernehmen. Selbst wenn du es dann geschafft hast, ihn allein abzupassen, bleibt aber noch die Schwierigkeit, dass ihr vor den Freundinnen oder Kumpels auf dem Präsentierteller steht. Der Vorschlag *»Ich brauche frische Luft. Gehst du für ein paar Minuten mit vor die Tür?«* bringt euch aus der Schusslinie. Oder auch dieser: *»Diesen Song finde ich ziemlich langweilig, du auch? Hauen wir zusammen ab?«* Eine gemeinsame Abneigung verbindet ungemein.

Meine Freundin hat mich verlassen, eine neue finde ich nicht.

Wenn deine Freundin dich verlassen hat, hast du schlechte Erfahrungen gemacht und dieses Missgeschick in eine sorgenvolle Erwartung umgepolt: Das darf nicht wieder passieren, denkst du vielleicht und verhinderst damit, dass überhaupt etwas passiert. Deine Erwartun-

gen prägen deine Erfahrungen, davon war schon die Rede. Genauso prägen aber auch deine Erfahrungen deine neuen Erwartungen.

Vielleicht gehst du jetzt völlig verkrampft auf Mädchen zu, die dir gefallen, so nach dem Muster: Es muss doch endlich wieder einmal klappen. Dabei machst du vielleicht großspurige Bewegungen und Sprüche, trumpfst auf, stellst dich übertrieben dar. Das blockiert, dich und die andern.

Oder aber du versteckst dich und beobachtest nur aus der zweiten Reihe heraus, wirst nicht aktiv. Versuche lieber, auf neutralem Boden mit neutralen Themen Kontakt zu Mädchen zu bekommen, ohne die große Liebe im Hinterkopf. Lass dir ein bisschen Zeit, um die alte Geschichte zu verdauen, und konzentriere dich auf ungezielte Begegnungen.

Sprich Mädchen und Frauen an, an der Bushaltestelle, an der Kinokasse, beim Einkaufen, beim Sport. Sprich über dies und das, und denke weder an einen Flirt noch an Freundschaft. Denke einfach ... an nichts. Geh auf das ein, was das Mädchen dir an Gesprächsstoff bietet. Ganz allmählich wirst du den Kopf wieder frei bekommen und eines Tages merken, dass du gerade auf die Richtige getroffen bist.

Gelegenheit macht Liebe:
Schaffe dir Gelegenheiten, um zwanglos Mädchen zu treffen.

Den Spruch »*Ich liebe dich*« finde ich abgegriffen.

Stell dir vor, jemand flüstert dir ein aus tiefstem Herzen kommendes »*Ich liebe dich*« ins Ohr. Fragst du dich dann tatsächlich: Hätte sie / er nicht was Geistreicheres sagen können?

Nur kann es sein, dass dein Gefühl für sie so tief und innig (noch) gar nicht ist. Dann ist es wirklich gut, wenn du den Satz aller Sätze nicht ständig benutzt. Du magst sie / ihn? Dann sag: »*Ich mag dich*«.

Wörter für Gefühle:

Ein paar andere Wörter für Gefühle gefällig?

Suchst du mit? Was hältst du von ...

Übung

»Ich bin gern mit dir zusammen / möchte dich öfter sehen.«

»Ich habe dich lieb / gern.«

»Ich finde dich süß / toll / einfach klasse / spitze.«

»Du bist ein Traum / meine Traumfrau / mein Traummann.«

Endlich gehen wir miteinander. Wie kann ich verhindern, dass sie von mir enttäuscht ist?

Hast du sie mit aller Kraft umworben und fürchtest nun, das du irgendwann ausgepowert bist? Das kann doch nicht dein Ernst sein. Was hast du ihr denn erzählt? Denkst du, sie hält dich für David Copperfield? Mit großer Wahrscheinlichkeit hat sie aus deinem Werbeverhalten längst den Kern deines wahren Charakters he-

rausgefiltert – und mag ihn. Du brauchst dir also höchstens halb so viele Sorgen zu machen.

Oder hast du ihr etwas vorgeflunkert wie: »*Mein Vater nimmt uns in seinem Rennwagen gern jeden Sonntag mit auf Tour*«, dein Moped fahrender Vater hat sich aber schon seit Monaten nicht mehr bei dir blicken lassen? Dann solltest du dich mit dem Kapitel »Ausreden« beschäftigen, vor allem mit dessen Schluss und schleunigst mit der Wahrheit herausrücken. Beichte, dass es mit deinem Selbstbewusstsein nicht zum Besten bestellt ist, und dass du gefürchtet hast, sie zu verlieren: Nur deshalb hast du dich besser dargestellt als du bist. Stelle ihr frei zu entscheiden, ob sie, nachdem sie die Wahrheit kennt, noch mit dir gehen will. Wenn nicht, ist das ihr gutes Recht. Mach ihr keine Szene, versuche, ihr in Zukunft aus der Entfernung so zu gefallen, wie du bist. Und mach den gleichen Fehler beim nächsten Mal nicht wieder.

Was kann ich tun, damit unsere Beziehung auf Dauer spannend bleibt?

Erinnere dich an den Beginn eurer Beziehung und an das, was ihr miteinander und füreinander unternommen habt. Natürlich könnt ihr nicht auf Jahre hinaus jeden Tag seitenlange heiße Liebesbriefe schreiben, der Alltag hat euch irgendwann wieder und die Schule soll auch zu ihrem Recht kommen.

Doch ein Zettelchen hier und da, ein Post-it mit Kussmund auf dem Vokabelheft, kleine Geschenke, die be-

kanntlich die Freundschaft erhalten. Gemeinsame Aktivitäten statt Gammeln. Es gibt kaum etwas, was beziehungstötender wäre als stundenlang vor dem Fernseher Kartoffelchips zu kauen.

Ein ideales Binde-Mittel besteht, auch wenn dies widersprüchlich klingen mag, in getrennten Aktivitäten. Ihr bleibt füreinander viel attraktiver, wenn ihr euch eure Erlebnisse erzählt, als wenn ihr alles miteinander macht und darüber nichts mehr zu reden braucht. Klebt nicht aneinander, wenn ihr zusammenbleiben wollt. Geht hier und da in andere Kneipen, andere Filme, andere Kurse.

Anziehend sein:
Dem anderen Lust darauf machen, Entfernung in Nähe umzuwandeln.

Natürlich – hoffentlich! – seid ihr so verknallt ineinander, dass es euch den Atem verschlägt, wenn ihr euch seht. Ein Gedanke darf keinesfalls sein: dass der andere nicht auch mit anderen Menschen fröhlich sein kann. Er kann, er sollte, er sollte darüber berichten und sich daran wieder freuen können.

Ich habe ein Date vergessen.
Welche Ausrede ist die beste?

Was würdest du, wenn du vergeblich gewartet hast, am liebsten hören? Sicher nichts Überzogenes und auch nichts Banales. Vor allem aber stellt sich die Frage: Was hindert dich daran, die Wahrheit zu sagen? Musst du

tatsächlich als das brave Mädchen, der brave Junge auftreten, den die andern – vielleicht – in dir sehen? Wäre euch allen nicht mehr gedient, wenn jeder dem andern und sich selbst seine Macken und Unvollkommenheiten mit einem Lachen zugestehen könnte? Drum, bei aller Kreativität im Finden von Ausreden:

Statt Ausreden:
Sei ehrlich und zeige Rückgrat.

Wenn du zu deinen Schwächen stehst und ehrlich um Verzeihung bittest, ist der Vertrauensverlust viel geringer als du fürchtest.

Ein zweites Mal darfst du ein Date aber nicht verschlafen. Auch du würdest es als persönliche Kränkung empfinden, wenn ein anderer dich mehrfach versetzt.

Meine Freundin ist eine Quasseltüte.
Wie kann ich ihr das abgewöhnen?

Du hast keinen pädagogischen Auftrag gegenüber deiner Freundin, die Hoffnung, sie umzuerziehen, solltest du an den Nagel hängen. Du kannst bestenfalls auf ihre Vernunft zählen und sie konsequent mit den Folgen ihres Verhaltens konfrontieren:

• Mache ihr sanft klar, dass zuviel monologisieren den anderen nervt.
• Redet sie schlecht über andere, lege ihr dar, dass das auf sie selbst zurückfällt.

- Als geradezu gefährlich kannst du ihr die Folgen ausmalen, wenn sie Geheimnisse ausplaudert – das Vertrauen anderer ist schnell verspielt.

Es kann aber auch sein, dass deine Freundin aus reiner
Unsicherheit viel redet. Beobachte sie einmal, vielleicht
braucht sie Worte, um ihre Angst vor der Stille zu über-
tönen. Wer weiß, vor welchen Folgen sie sich fürchtet?
Dann hör ihr gut zu, gib ihr durch dein Verhalten Sicherheit: Wenn sie sich gut fühlt, kann sie aufhören zu pala-
vern.
Vielleicht plappert sie drauflos, ohne sich zu kümmern,
ob ihre Ideen für andere und für das Thema von Bedeu-
tung sind. Dann kann sie schlecht filtern. Führ sie gelassen zum Thema zurück oder gib das Wort an eine andere Person weiter: »*Sag mal, siehst du das auch so?*«
Bist du übrigens ganz sicher, dass deine Freundin so viel
mehr spricht als du? Untersuchungen haben ergeben,
dass Frauen zwar als Plaudertaschen gelten, Männer
aber in Gesprächen – mindestens – genauso viel Redezeit beanspruchen.

Immer wenn ich ihr nahe komme, heißt es:
»*Nein, jetzt nicht.*«
Auch bei euch geht es um unterschiedliche Bedürfnisse
nach Nähe und Distanz. Solange du sie nicht fragst, was
sie daran hindert, dir größere Intimität einzuräumen,
wirst du immer in Spekulationen stecken bleiben. Vielleicht stimmt das Umfeld nicht und sie bräuchte einen

anderen Ort als ausgerechnet das Sofa im elterlichen Wohnzimmer, vielleicht möchte sie reden, bevor ihr zur Sache kommt, vielleicht bist du in deinen ersten Berührungsversuchen zu grob gewesen. Wenn das so ist, kannst du leicht Abhilfe schaffen.

Vielleicht hat sie aber zu Hause gelernt: Ein anständiges Mädchen tut »das« nicht. »Das« kann heißen: Sex vor einem bestimmten Alter, unter bestimmten Umständen, bestimmte Praktiken. Wer weiß. Selbst wenn du auf die Frage »*Was hindert dich?*« eine klare Antwort bekommst, wirst du es schwer haben, gegen diese Hindernisse anzugehen. Gegen Glaubenssätze, die im Elternhaus oder in der Kirche verankert sind, kannst du in kurzer Zeit nicht viel ausrichten. Da hilft nur Geduld – oder eine andere Freundin.

Möglicherweise hast du Angst, sie zu fragen, weil du Angst vor der Antwort hast. Denn wir können auch nicht ausschließen, dass sie sich dir gar nicht so nah fühlt, dass sie mit dir intim werden möchte. Gerade wenn du dies fürchtest, solltest du die Frage sehr schnell stellen. Denn was hast du davon, dass du eisern wartest, wenn für sie längst klar ist: Mit ihm wird es niemals was?

Wenn's nicht weitergeht:
Lieber ein Ende mit Schrecken, als ein Schrecken ohne Ende.

Ich bin ein Junge und mache mir nichts aus Mädchen.
Entweder du bist noch ziemlich jung und das Interesse an Mädchen kommt irgendwann, wenn dir die »Richtige« begegnet, eine, die dich neugierig macht. Oder du machst dir eher etwas aus Menschen deines eigenen Geschlechts und hast möglicherweise auch schon negative Äußerungen über gleichgeschlechtliche Neigungen gehört: schmutzige Witze über Homosexuelle, Schimpfwörter, Gelächter und Gekicher, wüste Vermutungen, böse Unterstellungen. Haben die dich verunsichert? Das ist verständlich, muss aber auf Dauer nicht sein. Du hast ein Recht darauf, so zu sein und so zu leben wie du bist, auch wenn andere versuchen sollten, diese Rechte einzuschränken.

Immerhin macht diese angebliche »Minderheit«, zu der du gehörst, schätzungsweise zehn Prozent der Bevölkerung aus. Trage deine Wünsche und deine Fragen also nicht weiter allein mit dir herum. Sprich mit einem Menschen, von dem du selbst erfahren hast, dass er andere nicht abwertet, weil sie Dinge anders sehen und tun als er. Vielleicht hast du ja Glück und deine eigenen Eltern fallen in diese Kategorie. Sicherlich hast du aber wenigstens im Verwandten- oder Freundeskreis oder in deiner Schule oder Freizeitgruppe jemanden, dem du dein ganzes Vertrauen entgegenbringst. Er wird mit dir gemeinsam besprechen, wann und wo und wie du dich weiter selbstbewusst verhalten kannst.

Ich möchte Schluss machen. Wie sag ich's ihm?

Zuerst einmal solltest du dir im Klaren sein, warum du Schluss machen willst. Nur wenn du überzeugt bist, kannst du überzeugen. Was ist los? Ist ein anderer Junge im Spiel? Hat dein Boyfriend dich enttäuscht? Hast du dich verändert? Sammle alle Argumente, die dafür sprechen, dass ihr beiden in Zukunft getrennte Wege geht.

Dann kündige durch dein Verhalten an, dass eure Beziehung zu Ende geht, bevor du es aussprichst. Du kannst nicht allen Ernstes abendelang mit ihm schmusen und wie der Blitz aus heiterem Himmel verkünden: »*So, das war's*«.

Wenn ihr euch in letzter Zeit täglich gesehen habt, reicht eine Abschiedserklärung am Telefon nicht. Da musst du schon allen Mut zusammennehmen und ihm von Angesicht zu Angesicht erklären, was los ist. Hast du Angst davor? Dann schreibe ihm zur Vorbereitung einen Brief, in dem du deine Ansicht darlegst, aber bitte erspare ihm die schriftliche Konsequenz: »*Ich gehe.*« Bitte ihn um ein ruhiges Gespräch unter vier Augen, in dem du ihm das Geschriebene mündlich erläuterst. Da ist dann die Zeit des »Ciao« gekommen.

Schmutzige Wäsche sollte bei einem solchen Gespräch nicht gewaschen werden, keine Hiebe unter die Gürtellinie bitte (Tipps zum überzeugenden Argumentieren findest du in Kapitel 3, zu Rückmeldung und Kritik in Kapitel 6).

Er war lange als Freund gut genug für dich und hat daher nicht verdient, von dir gedemütigt zu werden. Das hat

auch einer, mit dem du nur einen Abend geturtelt hast, nicht verdient. Was du nicht willst, das man dir tu ...

> **Auch bei einer Trennung:**
> *Fairness wins.*

Ich will Schluss machen. Aber meine Freundin lässt mich nicht gehen.

Vielleicht sendest du widersprüchliche Botschaften aus, weil du noch an ihr hängst. So kann es sein, dass du zwar das »*Ich will nicht mehr*« ausgesprochen hast, dass du es aber mit trauriger Stimme gesagt hast und sie immer noch bei Gelegenheit in den Arm nimmst. Dann solltest du bald einen Waldspaziergang mit einem Erwachsenen deines Vertrauens machen, der dir hilft, deine Gefühle zu sortieren. Denn sie hat nicht verdient, mit deiner inneren Zerrissenheit konfrontiert zu sein.

Oder bist du dir ganz sicher: Sie war zwar für eine Liebelei ganz nett, ist aber keine Freundin auf Dauer, sie jedoch will dich um alles in der Welt behalten? Dann sind behutsame Gespräche mit ihr angesagt. Eine Beziehung kann nur auf beiderseitiger Bereitschaft aufbauen, das muss auch sie verstehen.

Droht sie dir: »*Ohne dich kann ich nicht leben*«, brauchst du dringend Unterstützung. Vielleicht will sie dich auf billige Art mit diesem Satz erpressen und ist schnell kuriert, wenn sie merkt, dass du darauf nicht eingehst. Vielleicht ist sie aber auch so verzweifelt, dass sie

tatsächlich in Gefahr ist. Vielleicht hat sie nie gelernt, Dinge auszuhalten, die gegen ihren Willen gehen. Vielleicht hat sie eine schlimme Trennung erlebt und die schmerzhaften Erinnerungen kommen nun in ihr hoch und zum aktuellen Kummer hinzu. Was auch der Grund dafür sein mag, dass sie nicht will, dass du dich von ihr befreist:

> **Unter Druck:**
> *Gib nicht um des lieben Friedens willen klein bei, sonst verlierst du Stück für Stück deine persönliche Freiheit und dein Selbstwertgefühl.*

Ich bin in meinen Mathelehrer verliebt.

Bist du in deiner Verliebtheit so durcheinander, dass du nicht mehr klar denken kannst und das Objekt deiner Leidenschaft auch im Unterricht nur noch verklärt anstarrst? Dann solltest du deinen Verstand zu Wort kommen lassen. Der sagt dir nämlich, dass einem Lehrer die Schüler am meisten imponieren, die sich für sein Fach einsetzen. Pauke lieber – nicht unbedingt wie eine Wahnsinnige, aber mit Nachdruck –, dann kannst du durch Engagement und gute Noten auf dich aufmerksam zu machen.

Das muss dir dann wahrscheinlich auch schon reichen. Irgendwann wirst du nämlich einsehen, dass du a. nicht die einzige bist, die in einen Lehrer verknallt ist, und b. wenig Chance hast, auf Gegenliebe zu stoßen. Er ist ver-

heiratet? Dann ist er gut beschäftigt. Er ist Junggeselle?
Dann heißt das 1. nicht, dass er nicht gebunden ist. 2.
bedeutet es nicht, dass er auf Schülerinnen fliegt. Und
3.: Selbst wenn du ihm gefällst, möchte er wahrscheinlich nicht durch eine Beziehung zu einer Minderjährigen
seinen Job aufs Spiel setzen. Es ist ihm zumindest zu raten, es gar nicht so weit kommen zu lassen.
So traurig es auch für dich sein mag: Stell deine Versuche, ihn zu becircen, umgehend ein. Besser noch: Fang
gar nicht erst an. Du kannst dir ja einmal ausmalen, was
so alles passieren könnte.

3. Win – win
Überzeugend und fair argumentieren

»Argumentieren – das ist doch etwas für Geschäftsleute und Diplomaten!« Falsch. Denn schon kleine Kinder verstehen sich recht gut darauf: Wie leicht fällt es ihnen, andere dazu zu bringen, in ihrem Sinn zu handeln. Nicht unbedingt durch sprachliche Überzeugungskraft, aber durch Tatsachen wie mehr oder weniger wohlklingende und -riechende Argumente.

Spaß beiseite. Fair argumentieren heißt: verhandeln, heißt: bei allem Bemühen um den eigenen Erfolg auch dem andern die Chance lassen, das für ihn Beste herauszuholen.

Die Kommunikationswissenschaft nennt das sach- und menschengerechtes Vorgehen oder, kürzer, das Zwei-Gewinner-Prinzip. Auf Englisch klingt es noch einfacher: »win – win«.

Du weißt es ja selbst: Abwarten, bis sich ein zwischenmenschlicher Knoten von allein löst, bringt genauso wenig wie Vorwürfe.

Wenn du etwas bei anderen erreichen willst, müssen schlagkräftige Beweise dafür her, dass dein Anliegen oder deine Meinung berechtigt ist. Die allerdings sind so vorzubringen, dass sie zwar stark und kräftig sind, aber nicht erschlagen. Nicht umsonst sagt das Sprichwort: »Was du nicht willst, das man dir tu, das füg auch keinem andern zu.«

**Wie kann ich meine Eltern davon überzeugen,
dass ich trotz des Tests am nächsten Morgen heute
ins Kino gehen darf?**

Welche schlüssigen Gründe könntest du nennen, die belegen, dass das geradezu notwendig ist?

Da wäre zum Beispiel ...

a. Ich bin bestens vorbereitet.

b. Ich werde am Abend sowieso nicht mehr lernen.

c. Die Note ist unwichtig.

d. Alle meine Freunde gehen auch hin.

e. Ich muss in der Schule mitreden können.

f. Nach der Entspannung beim Film schlafe ich besser.

g. Danach bin ich beim Test fitter.

h. Der Film trägt zu meiner Allgemeinbildung bei.

Dir fällt bestimmt noch mehr dazu ein.

Bevor es ans Sortieren der Argumente geht, solltest du das Grundmuster des Überzeugens kennen lernen:

Überzeugen – Das Grundmuster:

1. Stelle die Ausgangslage dar. Lege Tatsachen auf den Tisch, die dein Gegenüber nicht widerlegen kann – weil sie stimmen!

2. Lege deinen Wunsch dar (dazu muss dir selbst dein Ziel ganz klar sein!).

3. Zeige einen folgerichtigen Lösungsweg auf.

Für den Wunsch nach der Erlaubnis zum Kinobesuch kann dies so aussehen:

1. Die Ausgangslage: *Ein Test steht ins Haus.*
2. Der Wunsch: *Du möchtest am Abend vor dem Test ins Kino gehen.*
3. Der Weg: *Du bittest daher um die Erlaubnis hierzu.*

Da es günstig ist, nicht alle Katzen gleichzeitig aus dem Sack zu lassen, solltest du deine Argumente wohl überlegt sortieren. Schließlich ist ja auch mit Gegenargumenten zu rechnen, von denen noch die Rede sein wird. Hier geht es zuerst einmal um die Reihenfolge, in der du dir vornimmst, deine Gründe zu nennen.

> **Argumente – Die Reihenfolge:**
> *Beginne mit dem zweitstärksten Argument.*
> *Bringe dann das schwächste.*
> *Füge die anderen an.*
> *Hebe dir das stärkste für den Höhepunkt auf.*

Welches ist dein schwächstes Argument in puncto Ausgang? Vielleicht dass dir die Note egal ist (c.), vielleicht auch e., weil du auch sonst nicht das Bedürfnis hast mitzureden, oder h. weil deine Eltern verzweifelt sind, dass Allgemeinbildung dein Thema so gar nicht ist. Undsoweiter, die Wertung nimmst du bitte ganz individuell vor – und ohnehin hast du ja deine eigenen Argumente aufgelistet.

Als »stark« sind in der Beispiel-Liste die Argumente a., b. und f. zu werten, weil sie die Notwendigkeit, an diesem Abend zu Hause zu bleiben, überhaupt in Frage stellen.

Wie sieht nun deine persönliche Überzeugungsstrategie
für den Kinobesuch aus?

Wie bekomme ich mehr Taschengeld?

An Argumenten wird es dir nicht fehlen, bestimmt hast
du sie bei früheren Verhandlungen um Taschengelderhöhung schon eingesetzt.

Ein junger Mensch, der über Geld verfügt ...

a. *beginnt früh, verantwortlich mit seinem Geld umzugehen.*

b. *lernt unterscheiden: Was spare ich, was gebe ich aus?*

c. *lernt dadurch haushalten – fürs Leben.*

d. *spürt die Folgen seiner Handlungen am eigenen Leib.*

e. *lässt die Eltern mit Nachverhandlungen und Betteleien
in Ruhe.*

f. *kann im Kreis von Gleichaltrigen mithalten, wird nicht
von Aktivitäten ausgeschlossen.*

g. *kann seine außerschulische Bildung selbst gestalten:
Bücher kaufen, ins Theater oder ins Kino gehen.*

h. *kommt nicht auf die Idee, sich auf illegale Weise Geld
zu beschaffen.*

Auf dieses Beispiel angewandt, lautet das Grundmuster
der Argumentation:

1. Die Ausgangslage: *Du bist dabei, erwachsen zu werden, und hast auch dementsprechend schon Pflichten
übernommen: auf kleinere Geschwister aufpassen,
den Rasen mähen usw. Du findest es gut, Verantwortung für Dinge zu übernehmen (damit bereitest du auf*

Argument a. vor). Beim Geld jedoch darfst du das nicht, bei jeder Anschaffung eines T-Shirts oder dem Kauf eines Buches musst du fragen und dich rechtfertigen (Bezug zu Punkt e.).

2. Der Wunsch: *Du möchtest entsprechend deinem Alter und deinen Pflichten Verantwortung für deine Ausgaben übernehmen.*

3. Der Weg: *Du bittest daher um den Betrag X pro Monat.*

Abfolge der Argumente in diesem Beispiel: Welches ist dein schwächstes Argument in puncto Taschengelderhöhung? Vielleicht h., die illegale Geldbeschaffung, weil du bisher nicht durch aufmüpfiges oder abenteuerliches Verhalten aufgefallen bist. Vielleicht auch g., weil dein Bildungseifer nicht sehr ausgeprägt ist. Undsoweiter.

»Stark« sind die Argumente a., b., c. und d., weil sie den Eltern den Sinn ihrer Erziehung vor Augen führen: Schließlich wollen sie, dass du auf dein Erwachsenendasein angemessen vorbereitet bist.

Wichtig! Denke bei aller Vorbereitung daran, dass deine Eltern nicht »verpflichtet« sind, dir Taschengeld zu zahlen. Demnach trittst du in der Rolle des Bittenden und nicht des Fordernden auf. Daher kommt es wohl am besten an, wenn du anbietest, für das zusätzlich erbetene Geld etwas zu tun. Du könntest zum Beispiel im Haushalt, beim Autowaschen oder ähnlichen Tätigkeiten, von denen die Gemeinschaft profitiert, anpacken. Schließlich gibt jeder lieber, wenn er etwas bekommt, als wenn

er nur verteilen soll. Das geht dir bestimmt nicht anders. Und das Anbieten ist ein wesentlicher Teil des Verhandelns. Wie lautet nun deine persönliche Überzeugungsstrategie? Ob du ein neues Mofa möchtest, eine Stereoanlage oder was auch immer – du hast nun eine Erfolg versprechende Argumentationsstrategie an der Hand. Schade eigentlich, dass der Begriff »Strategie« so militärisch klingt – wo es doch darum geht, im Gespräch eine echte Chance zu bekommen und daher ganz friedlich und gelassen zu bleiben.

Wie kann ich verhindern, dass meine Eltern unsachlich werden, wenn ich etwas durchsetzen möchte?

»Wie du in den Wald hineinrufst, so schallt es zurück« – das Sprichwort kennst du. Und du hast sicherlich auch schon die Erfahrung gemacht: Wenn der eine laut wird, zieht der andere nach. Umgekehrt gilt: Wenn du es fertig bringst, dein Anliegen ruhig und gelassen vorzutragen, ist die Wahrscheinlichkeit groß, dass auch deine Gesprächspartner auf der Schiene der Gelassenheit bleiben und sich nicht in schnaubende Dampfloks verwandeln. Darüber hinaus bist du einem wesentlichen Prinzip des Kommunizierens auf der Spur. In unseren bisherigen Überlegungen haben wir so getan, als seien Angelegenheiten zwischen Menschen immer sachlich abzuhandeln. Viele glauben tatsächlich, dass das geht. Dabei hat sich herumgesprochen, dass neben dem sachlichen Aspekt den Gefühlen eine herausragende Rolle zukommt.

Wenn Menschen miteinander zu tun haben, geht es nicht nur um »es«, um die Sache, vielmehr spielen ihre Gefühle, Wünsche, Erwartungen, Prägungen, Bedürfnisse usw. – oft unbewusst – mit. Und zwar beim Sprechenden, dem »ich«, genauso wie beim Angesprochenen, dem »du«.

Manchmal machen die Gefühle sogar einen Strich durch die gesamte Rechnung, diese Erfahrung hast du bestimmt schon gemacht. Da schien alles ganz »eindeutig«, alles »stimmte«, eine Vereinbarung war »klar« getroffen – und dann kam alles anders. Weil sich das »du« plötzlich drückte, weil das »ich« merkte, dass es »eigentlich« etwas anderes wollte.

Sachlichkeit in Reinform gibt es also nicht. Genauso wenig gibt es hundertprozentige Klarheit über alle Erwartungen, Wünsche, Befürchtungen der Beteiligten. So empfinden deine Eltern deine Argumentation oft genauso unsachlich wie du die ihre. Weil ihr unterschiedliche Erwartungen aneinander herantragt.

Das ist normal und doch müssen Gefühle nicht in eine Sackgasse führen. Was willst du? Wozu willst du es? Woran erinnern dich diese Wünsche? Wie geht es dir – wenn sie erfüllt werden und wenn nicht? Solche Überlegungen führen dich weiter.

Natürlich wäre es wünschenswert, dass auch Eltern sich diese Fragen stellen, anstatt von ihren Kindern zu erwarten, dass diese ihre Wünsche frag- und klaglos erfüllen. Denn die Erfahrung zeigt: Wenn Eltern und Kinder beginnen, sich mehr über ihre Gefühle zu unterhalten als sich gegenseitig Forderungen zu stellen und Vorwürfe zu machen, sind Probleme viel schneller gelöst.

Hast du den Eindruck, ich hätte mich vor der Antwort auf deine Frage gedrückt? Nein. Hier ist sie, als Resümee, im Klartext: Deine Eltern können gar nicht sachlich sein, und du auch nicht. Geht lieber im Bewusstsein eurer Emotionen aufeinander zu – das bringt euch weiter. Denn: Aus seiner Sicht hat jeder Recht.

Wie argumentiere ich so, dass ich länger in der Disko bleiben darf?

Prinzipiell gehst du vor, wie es bei den vorigen Beispielen erläutert wurde. Zudem bedenkst du bitte, welche Gefühle deine Mutter und / oder deinen Vater dazu bringen können, dir das Abendvergnügen zu kürzen: Sie wollen verhindern, dass dir etwas passiert.

Anstatt dich darüber aufzuregen kannst du folgende Denkaufgabe lösen:

1. Die Ausgangslage: *Sie wollen deine Sicherheit.*
2. Der Wunsch: *Du willst länger bleiben.*
3. Der Weg: *Wie kannst du beide Bedürfnisse befriedigen?*

Jetzt ist – du ahnst es schon – wieder eine Argumentenliste angesagt.

a. *In der Disko sind auch erwachsene Aufsichtspersonen.*
b. *Deine Freundinnen gehen mit.*
c. *Alkohol trinkst du nicht.*
d. *»Keine Macht den Drogen!« ist sowieso dein Prinzip.*
e. *Der letzte Bus fährt um Mitternacht, den kannst du nehmen.*
f. *Der Sohn der Nachbarin ist dabei: Du brauchst von der Bushaltestelle nicht allein nach Hause zu gehen.*
g. *Du hast bisher bewiesen, dass du vertrauenswürdig bist.*

Sortieren kannst du nun selbst. Und den Unterschied zum Thema Taschengeld hast du wahrscheinlich schon festgestellt: Du beziehst Argumente, die auf die Gefühlslage der Eltern eingehen, in deine Sachargumentation ein. Eines allerdings solltest du dir bei Absprachen immer vornehmen und somit garantieren können:

Glaubwürdig bleiben:
Halte dich an deine Zusagen.

Meine Eltern haben keine Zeit zum Diskutieren.
»Alles schön und gut, nur haben meine Eltern nie Zeit, um sich mit meinen Argumenten auseinander zu setzen«. Ist bei euch häufig Hektik angesagt? Gibt es im Beruf oder Haushalt so viel zu tun, dass für Gespräche kaum Zeit bleibt? Das ist zwar schade, heutzutage aber in vielen Haushalten üblich.

74

Deshalb brauchst du noch lange nicht die Flinte ins Korn zu werfen. Ich kenne einen erfolgreichen Verkäufer; der setzt, wenn Kunden ihn wiederholt mit »Keine Zeit« abwimmeln wollen, auf Kreativität. Der Verdacht, der andere hätte zwar Zeit, aber keine Lust, ist ihm gleichgültig. Seine Leitsätze sind:

Die Gesprächsbereitschaft erhöhen:

- *Verbessere dein Angebot.*
- *Mache den anderen neugierig.*
- *Gib ihm dein Angebot schriftlich.*
- *Lobe ihn.*
- *Frage ihn: »Unter welchen Bedingungen hättest du Zeit für mich?«*
- *Suche dir notfalls einen anderen Gesprächspartner.*

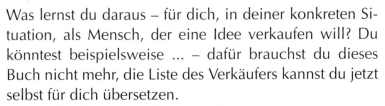

Was lernst du daraus – für dich, in deiner konkreten Situation, als Mensch, der eine Idee verkaufen will? Du könntest beispielsweise ... – dafür brauchst du dieses Buch nicht mehr, die Liste des Verkäufers kannst du jetzt selbst für dich übersetzen.

Generell gilt: Mache die Menschen, mit denen du sprechen willst, auf dich neugierig. Ob das die Eltern sind, ein Lehrer, ein Klassenkamerad oder die Großmutter – sie alle sollten den Eindruck haben, sie verpassten etwas, wenn sie sich dir entziehen. Und dieser Eindruck sollte der Wahrheit entsprechen. Enttäuschen darfst du sie nicht, wenn du als glaubwürdig gelten willst. Somit

hat das Prinzip »Mache deine Sache interessant« auch einen erzieherischen Aspekt – für dich! Weil du keinen Etikettenschwindel betreiben kannst, wenn du ernst genommen werden willst, werden die Inhalte deiner Aussagen besser werden. Davon hat jeder etwas.

Warum werde ich bei der Notengebung benachteiligt?
Sollte dein Lehrer diese Frage hören, würde er sie wahrscheinlich entrüstet zurückweisen. Er ist bestimmt sicher, dass er dich genau wie alle anderen objektiv benotet. Nun sind objektive Noten – dein Lehrer möge mir verzeihen – genauso selten wie objektive Zeitungsbeiträge oder schwarze Schimmel – also: praktisch nicht vorhanden.

Und doch: Dein Lehrer zieht klar definierte Kriterien zu Rate, um deine Klassenkameraden und dich in einem fairen Vergleich einzuordnen, er ist verpflichtet, euch und euren Eltern diese Kriterien mitzuteilen und somit seine Notengebung durchsichtig und nachvollziehbar zu machen.

Das bedeutet längst noch nicht, dass du jede deiner Noten einsiehst. Sagen wir einmal, du hast den Eindruck, statt der Drei hättest du eine Zwei verdient. Dann bist du gefordert: Du musst die Kriterien für deine Forderung darlegen. Der Gefühlsausbruch »*Diese Note ist eine Sauerei!*« mag deine Enttäuschung widerspiegeln, bringt aber weder dich noch den Lehrer weiter.

Auch hier ist Vorbereitung fast alles, auf zur Argumentation! Mir fällt dazu ein:

Grundmuster:

1. die Ausgangslage: *Du bist über deine Note unglück-lich.*
2. Der Wunsch: *Du möchtest statt der Drei eine Zwei.*
3. Der Weg: *Du bittest ihn, seine Benotung zu überprü-fen.*

Gerät der Lehrer aus der Fassung und das auch noch zum wiederholten Mal, bleibt dir wohl nur der Gang zum Klassensprecher, dann zum Klassenlehrer und im äußersten Notfall der Besuch deiner Eltern bei deinem Schulleiter.

Meist aber verhalten sich Lehrer sachlich, wenn sie fest-stellen, dass sie das Anliegen eines Schülers nicht als verrückten Einzelfall abtun können: Geh also ruhig »mit Verstärkung« hin. Vielleicht gibst du deinen Klassenka-meraden oder Freunden zuvor ein paar Tipps in Sachen Argumentation.

Ich möchte gern etwas in der Klasse bewegen.
Aber kein Mensch hört mir zu.

»Sie können niemanden zum Zuhören erziehen. Sie können aber so ansprechend sprechen, dass man gar nicht anders kann, als Ihnen zuzuhören.« So beginnt ein Rhetorikbuch für Manager. Da ist was dran. In anderen Kapiteln dieses Buches erfährst du einiges über Formu-lierungen und Inhalte, die andere im doppelten Sinn des Wortes ansprechen. Für deine Frage hier schon einmal einige Ansatzpunkte:

- Gib in deinem Einleitungssatz die Anzahl der Themen bekannt, die du ansprechen wirst: »*Ich möchte euch drei Dinge sagen*«; damit beugst du Unterbrechungen vor.
- Halte Blickkontakt, damit hältst du die Aufmerksamkeit fest.
- Stelle den Zuhörern Fragen: »*Wie denkt ihr über die Tatsache, dass ...*«
- Benutze das Wort »*ich*«: »*Ich habe bemerkt, dass ...*« statt zu verallgemeinern: »*Hier sagt ja keiner was.*«
- Sage, was in dir vorgeht: »*Ich finde schade, dass ...*«. Vermeide, die Reaktionen deiner Gesprächspartner vorwegzunehmen: »*Ich würde gern was mit euch unternehmen, aber ihr macht ja nie mit.*«
- Sprich konkrete Situationen an, bleibe beim Hier und Jetzt und gib konkrete Anregungen für die Zukunft: »*Nächsten Samstag macht die 10 b eine Klassenfete, ich schlage vor, wir schließen uns an*« statt »*Ihr sabotiert ja sowieso immer alles*«, was eine negative und keinesfalls motivierende Verallgemeinerung wäre.

Ansprechend sprechen:
Sich konkret auf Personen und Dinge beziehen.

Diese Methode gibt dir zwar nicht die Garantie, dass deine Klassenkameraden dir stundenlang gebannt lauschen, aber sie erhöht zumindest die Wahrscheinlichkeit, dass sie nicht zwischendurch »abschalten«.
Natürlich ist gerade, wenn du vor einer Gruppe sprichst,

die Argumentationstechnik gefragt. Die kannst du jetzt selbst anwenden. Denn an Ideen, wozu eine gute Klassengemeinschaft gut wäre, mangelt es dir ja nicht. Du musst sie »nur noch« in die überzeugende Ordnung bringen.

Was noch längst nicht heißt, dass nach deinem ersten Plädoyer deine Klasse ein Herz und eine Seele wäre. Du hast damit den Grundstein gelegt, das ist viel, und dafür gebührt dir ein großes Kompliment.

Des weiteren solltest du bedenken, dass ...

- Menschen sich selbst motivieren müssen.
- du ihnen »nur« Anreize geben kannst, aus denen sie die Vorteile einer guten Klassengemeinschaft für sich ableiten können.
- nicht jeder das gleiche Bedürfnis hat wie du – was wenig mit dir und eurer Klasse zu tun hat, aber viel mit der Bindung eines Menschen an seine Familie und andere Gruppen.

Meine Freunde werfen mir vor, ich könnte zwar reden, aber nicht zuhören. Was mache ich falsch?

Es ist ja wirklich fatal. Wenn jemand dir eine Stunde lang etwas über sich, seine Interessen, seine Erfolge erzählt hat, wird er mit großer Wahrscheinlichkeit über dich sagen: »*Die ist eine gute Gesprächspartnerin*«. Und dabei hattest du doch »nur« zugehört! Dasselbe sagt man tatsächlich nicht von dir, wenn du als Quasselstrippe aufgetreten bist. Was für Menschen, die sich gern darstellen, so gut wie unerreichbar ist, ist für die, die lieber

aufnehmen, kein Kunststück: andere so viel zu Wort kommen lassen, wie sie möchten. Natürlich solltest du dabei nicht dauerschweigen und vor allem nicht »auf Durchzug schalten«. Aktiv zuhören ist die Devise!

Du kannst es lernen. Fang einmal mit einem dieser Aspekte an. Der eine oder andere ist dir ohnehin schon an anderer Stelle in diesem Buch begegnet.

1. Zeige deinem Gegenüber durch Kopfnicken, kurze Einwürfe wie »*Ach*«, »*Hm*« und Nachfragen, dass du Interesse an seinen Äußerungen hast.

2. Halte den Blickkontakt aufrecht und wende deinen Körper deinem Gesprächspartner zu.

3. Fasse besonders wichtige Aspekte zusammen. So zeigst du, dass du den andern verstanden hast – was du mit einem platten »*Ich habe schon verstanden*« nicht beweist.

4. Stelle offene Fragen wie »*Wie hast du dich da gefühlt?*« statt geschlossenen, die eine Antwort bereits suggerieren: »*Hast du dich da gut gefühlt?*« Alle W-Fragen (wie, wer, was, wo, etc.) bewegen den anderen dazu, mehr Inhalt preiszugeben.

5. Vermeide, Unterstellungen anzubieten, die den anderen mit dem Rücken an die Wand drängen: »*Das liegt an deinem Desinteresse*«. Gib stattdessen positive Rückmeldungen: »*Es freut mich, dass du mir das erzählt hast.*«

6. Teile deine Reaktion mit: »*Da bin ich völlig überrascht*« statt Vorwürfe zu machen: »*Hättest du mir das nicht früher sagen können?*«

> **Aktiv zuhören:**
> Interesse zeigen mit Sprache und Gesten.
> Zusammenfassen, reagieren.
> Fragen stellen statt unterstellen.

Du merkst gerade selbst: Es ist nicht notwendig und nicht einmal erwünscht, dass du beim Zuhören den Mund hältst. Vielmehr beteiligst du dich sehr stark und aktiv am Gespräch. Nur geht es eben um den andern und nicht um dich. Und das kann ja hier und da auch ganz erholsam sein.
Vor allem ist es informativ – und damit für dich wichtig. Denn wie willst du in einem weiteren Gespräch oder zu einem späteren Zeitpunkt argumentieren, wenn du die Sichtweise des Gesprächspartners nicht kennst.

Bisher war vorwiegend davon die Rede, wie du deinen Stand in der Schule, in der Freizeit und zu Hause festigst. Es ging also meist um die erste Hälfte des Prinzips »win – win«. Mit der Frage nach dem Zuhören haben wir gerade den Übergang zum nächsten Kapitel geschaffen. Dort wechseln wir nämlich ein wenig die Perspektive: Wie beziehst du die andern in dein Handeln und vor allem dein Sprech-Handeln mit ein?

4. Nein danke

Alles hat seine Grenzen

Du findest, du hast ein Recht auf deinen eigenen Stil, du willst in Ruhe gelassen werden, du willst dich abgrenzen können, aber du stößt hier und da bei der Verfolgung deiner – berechtigten! – Interessen an Grenzen. Mit dem Kopf durch die Wand? Geht nicht, du weißt es.

Warst du schon einmal bei einer Segeltour dabei? Dann weißt du, dass es nicht ausreicht, ein tolles Boot zu haben, hervorragende Karten und den Zielhafen im Visier. Sobald es heißt: »Leinen los«, gilt es, die Segel zu setzen, sich dem Wind und den Wellen anzupassen, nach Bedarf Richtung, Winkel und Geschwindigkeit zu verändern, Sandbänken auszuweichen und Felsnasen zu umschiffen, nur so kannst du das angepeilte Ziel erreichen. Mit Menschen umgehen ist wie segeln: Man muss sensibel wahrnehmen, was sie aussagen und brauchen, und gezielt auf sie eingehen. Das ist die hohe Kunst des Miteinanders, auch bei Meinungsverschiedenheiten.

Wenn du im Konfliktfall eine bessere Wahl hast als faires Verhandeln – dann nichts wie los. Warum solltest du dich beispielsweise mit Lehrern und Mitschülern herumstreiten, wenn du durch einen Schulwechsel im Handumdrehen mit einem geringeren Lernaufwand, besseren Noten und einem freundlicheren Klima rechnen kannst? Neues Spiel – neues Glück! Wenn du jedoch auf deinem Spielfeld bleiben und dich für eine Verbesserung der

Spielqualität einsetzen willst, solltest du dir Zeit für eine »anständige« Auseinandersetzung nehmen. Dass es auch beim Abgleich unterschiedlicher Ansichten nicht um Gewinnen und Verlieren gehen muss, haben wir bereits erörtert. Nun geht es um Strategien für größere Hürden im Miteinander. Damit der Konflikt-Fall nicht zur Konflikt-Falle wird.

Wie gehe ich mit Gegenargumenten um?
Wie du eine Argumentationskette aufbaust, hast du in Kapitel 3 gelernt. Dein Gesprächspartner wird dir wohl aber auch Argumente entgegenhalten, die du ernst nehmen willst: dein Bruder bei den Verhandlungen um die Beteiligung an der Hausarbeit, ein Freund bei der Entscheidung für einen Film, ein Lehrer bei der Diskussion um deine Note. Wie gehst du nun damit um?

1. Auf jeden Fall mit Gegenwind rechnen und ruhig bleiben. Nicht jedes Gegenargument ist ein Zeichen für die mangelnde Bereitschaft, sich überzeugen zu lassen (siehe Kapitel 6). Im Gegenteil: wer nachhakt, ist interessiert.
2. Deine Argumente auswendig lernen, damit du sie parat hast, auch wenn du sie nicht am Stück vortragen kannst. So kannst du einem Einwand jeweils ein passendes Argument entgegensetzen. Und nicht vergessen: das stärkste Argument für den Schluss aufheben.
3. Den Gesprächspartner, der nicht zum »Gegner« werden soll, ausreden lassen – erstens möchtest auch du die Gelegenheit hierzu haben, zweitens kannst du nur

so von ihm erfahren, was du brauchst, um seine Gedanken in dein Denken und deine Überzeugungsstrategie einzubeziehen.

4. Einwände wiederholen. So kannst du sichergehen, dass du sie richtig verstanden hast. Ganz davon abgesehen, dass er auf Wiederholung hin sein Argument vielleicht noch einmal überdenkt.

5. Eine lebendige Sprache sprechen, konkrete Beispiele bringen, Vergleiche anstellen (Kapitel 2, 3, 5).

6. Sich in die Lage des Gesprächspartners versetzen und bedenken, ob das eine oder andere seiner Argumente nicht doch Sinn macht. Diese Argumente solltest du akzeptieren und deine Position entsprechend verändern. Das heißt noch lange nicht, dass du klein beigibst. Das bedeutet vielmehr, dass du dich den realen Gegebenheiten (siehe Wind und Wellen beim Segeln!) anpassen kannst und bereit bist, den anderen mit seinen Argumenten zu würdigen. Im Sinn von »win – win« – weißt du noch?

Auf Gegenargumente eingehen:
Ruhig bleiben.
Argumente parat haben.
Zuhören.
Gegenargumente wiederholen.
Eine überzeugende Sprache sprechen.
Die Sache aus der Perspektive des anderen sehen.

Wie kann ich die Argumente eines Lehrers entkräften, wo er doch der Stärkere ist?

Der Lehrer hat zwar die Gewalt über sein Notenbuch und damit eine ganze Portion Macht über dein Fortkommen, allmächtig ist er deshalb noch lange nicht. Zeichnen wir in Gedanken einmal ein Gespräch auf, in dem ein Schüler die Veränderung seiner Note einfordert.

Beispiel:

Schüler (S): Die Ausgangslage: *Herr Meier, Sie haben mir im Test eine Drei gegeben, damit hatte ich überhaupt nicht gerechnet.*

Lehrer (L): *Hättest du mehr gelernt, wäre wohl eine Zwei draus geworden.*

S: Der Wunsch: *Ich finde, die Zwei hätte ich verdient, und ich würde es Ihnen gern erklären.*

L: *Haha, das wollen wir doch mal sehen.*

S: Beginn des Wegs (– ruhig Blut, den spöttischen Unterton überhören!): *Ja, gern. Bei Tim haben Sie jetzt schon zum zweiten Mal Fehler übersehen. Bei mir passiert das nie.*

L: *Selbst wenn das stimmt, heißt das nicht, dass du mehr Punkte bekommst. So ein Unsinn.*

S: Wiederholen und weiterführen: *Natürlich bekomme ich keine bessere Note, nur weil Sie bei Tim etwas übersehen. Aber letztes Mal haben Sie mir jedes falsche Komma angestrichen, den anderen nicht. Meine Arbeiten nehmen Sie wohl besonders kritisch unter die Lupe.*

L: *Wie kommst du denn darauf?*

S: *Wissen Sie, ich brauche die Zwei für meine Versetzung, als Ausgleich für die Fünf in Mathe.*

L: *Du glaubst doch nicht allen Ernstes, dass ich dir eine Gefälligkeitsnote gebe. Wo kommen wir denn dann hin?*

S: konkreter Vorschlag statt Hin und Her: *Können wir den Test mal zusammen durchgehen?*

Wenn er beim Durchsehen des Tests weitere Beweise für seine Note findet, musst du sie akzeptieren. Andererseits hast du die Chance, ihn nun langsam auf dein Hauptargument zu lenken:

S: *Hier sind wir bei Aufgabe 7. Da hat Anna genau die gleiche Lösung wie ich – und 3 Punkte mehr. Das sind genau die, die mir für die Zwei fehlen.*

Hat dein Lehrer einen Fehler gemacht, wird er ihn jetzt revidieren. Wenn du dich in seine Lage versetzt, weißt du, wie schwer ihm fallen muss, seinen Irrtum einzugestehen. Das kann er jetzt aber leichter tun, weil du ihn zuvor nicht angeklagt hast. Ist er aber doch im Recht, weißt du, dass in Zukunft eine genauere Vorbereitung angesagt ist. Vielleicht trefft ihr euch ja auf halbem Weg. Vielleicht ist deine Antwort doch nicht genau die gleiche wie die der Freundin und du bekommst nur die halbe Punktzahl und eine halbe Note besser.

Wie es auch ausgeht: Auch wenn du über das Sach-Ergebnis nicht ganz glücklich bist, solltest du dich menschengerecht verhalten und dich bedanken. Natürlich nicht für die Großzügigkeit des Lehrers. Doch:

S: *Danke, dass Sie sich die Zeit für mich genommen haben.*

Wenn du das denkst, bist du glaubhaft. Wenn du solche Sätze nur auswendig lernst und heimlich die Faust in der Tasche ballst, nicht. Denn dein Gegenüber merkt sofort: Ehrlich war das nicht gemeint.

Unser Direktor hat mich einbestellt.

Was hast du angestellt? Zum wiederholten Mal deine Hausaufgaben nicht gemacht? In einer Klassenarbeit abgeschrieben? Einen Mitschüler beschimpft? In jedem Fall bist du im Unrecht und euer Schulleiter will dir die Leviten lesen. Möglicherweise ist es auch nicht das erste Mal, dass dir das passiert, und du weißt schon, was jetzt auf dich zukommt. Du weißt auch, dass es sich ziemlich bescheiden anfühlt, heruntergeputzt zu werden.

Aber du brauchst dich gar nicht als Fußabtreter zu fühlen. Und gegen dieses Gefühl hilft: gerade halten, durchatmen, entspannen und denken: Ich habe Mist gebaut und dennoch geht die Welt nicht unter. Und immer schön dein Ziel im Auge behalten. Das könnte beispielsweise lauten: Ich bin bereit, die Folgen für mein Handeln zu tragen und werde dies mit aufrechtem Gang tun. Wenn du aufgefordert wirst, dich hinzusetzen, setze dich fest auf den Stuhl, den man dir zuteilt, nicht auf der Kante, nicht gegen die Lehne gestemmt; gerade. Solltest du in einen Sessel rutschen und erheblich tiefer als dein Gegenüber sitzen, wäre das keine gute Ausgangslage: der Schulleiter ist ohnehin in einer besseren Position als du, dieses Gefälle muss nicht noch durch einen Höhenunterschied vergrößert werden. Frage stattdessen, ob du

dich auf einen anderen Stuhl setzen darfst. Das kostet Mut – und lohnt sich.

Scheint dir grelles Licht ins Gesicht und / oder kannst du die Gesichtszüge deines Schulleiters nicht sehen, weil er mit dem Rücken zum Fenster im Gegenlicht sitzt, rücke so zur Seite, dass du einen klaren Blick auf ihn hast. Den brauchst du.

Manche Menschen versuchen ihre Macht nicht nur durch die geschickte Nutzung des Raumes auszuspielen, sondern auch durch einen zeitlichen Terror. Ein Lehrer, der dir am Freitagmittag ankündigt: »*Übrigens will der Chef dich am Montag sprechen, du kannst dir schon denken, warum*«, geht nicht pädagogisch, sondern sadistisch vor. Anstatt dir das Wochenende mit Grübeleien zu verderben, bittest du ihn darum, dir wenigstens zu sagen, worum es geht. Gewährt er dir dieses Mindestmaß an Fairness nicht, können deine Eltern ihn am Freitagnachmittag anrufen. Selbst wenn du etwas »ausgefressen« hast, hast du dennoch ein Recht auf eine faire Behandlung.

Es ist gut, sich daran zu erinnern, auch wenn du in einer misslichen Lage bist. Denn auch wenn du etwas verbockt hast, hast du ein Anrecht auf eine faire Behandlung. Verhalte dich fair und bestehe darauf.

> **Bei berechtigter Kritik:**
> *Sorge für eine günstige Ausgangslage.*
> *Bestehe auf einer fairen Behandlung.*

Übung

Ich muss meinen Eltern etwas beichten.
Wie mache ich das am besten?

Du hast etwas verbockt, und keiner weiß es bisher? Es ist
sehr vernünftig, dass du von dir aus den ersten Schritt
machst und nicht wartest, bis die Sache anderweitig he-
rauskommt. Wenn es auch heißt: »Kommt Zeit, kommt
Rat«, kann eine zeitliche Verschiebung doch zusätzlichen Schaden anrichten. Gerade wenn du beichten
willst oder musst, zählen eine gute Vorbereitung und ein
klarer Kopf. Schließlich ist dir nicht wie im Beichtstuhl
Absolution von vornherein garantiert.

89

Hier ein paar Anregungen:

1. Wer ist als erster Ansprechpartner eher geeignet: Vater oder Mutter? Du musst nicht versuchen, beide auf einmal zu überzeugen. Sagen wir, es ist dein Vater.

2. Wähle einen günstigen Zeitpunkt. Die Viertelstunde zwischen seiner Rückkehr aus dem Geschäft und dem Beginn der Tagesschau ist es wohl nicht, auch nicht der sonntägliche Mittagstisch. Wann ist dein Vater ausgeruht und nicht in Hektik?

3. Wähle den passenden Ort. Der Flur zwischen Bad und Küche gibt dem Gespräch einen eher zufälligen Charakter, das kann sich günstig auswirken. Aber ungestört bleibt ihr dort bestimmt nicht. Wenn er hinter seinem Eichen-Schreibtisch thront, solltest du dich nicht als armes Sünderlein davor stellen. Über dieses Hindernis kommst du schlecht an ihn heran. Vielleicht ist es günstig, ihn nach dem Mittagsschlaf anzusprechen, wenn er bei einer Tasse Tee in seinem Lieblingssessel sitzt. Vielleicht bittest du ihn auch in dein Zimmer (in dein Reich!) und bietest ihm dort einen Stuhl an. Lass ihn nicht stehen, verlange nicht, dass er es sich auf deinem Bett unbequem macht. Du kennst seine Gewohnheiten, nutze dieses Wissen und stell es über dein Bedürfnis, deine Worte endlich an den Mann zu bringen.

4. Leite deine Beichte ein, indem du die Sachlage darstellst. Deine Untat kommt zum Schluss.

5. Anstatt dich zu rechtfertigen, bitte ihn um Rat, biete Wiedergutmachung an: Damit sprecht ihr über Hand-

lungen und die Zukunft, anstatt in der Wunde herumzurühren. Denn selbst wenn du ein Donnerwetter verdient hättest: Was bringt es?

> **Wenn du etwas verbockt hast:**
> *Gib dir eine Chance und ermögliche den anderen,*
> *dasselbe zu tun.*

Oder beichtest du nur, um einen Freibrief für den nächsten Fehltritt zu bekommen und sagen zu können: »*Stell dich doch jetzt nicht so an, damals warst du ja auch nicht sauer*«? Wenn deine Reue nur Schau ist, lass das Ganze besser bleiben. Erstens könntest du dir sonst den Vorwurf der Verlogenheit nicht ersparen, zweitens haben derartige Lügen reichlich kurze Beine.

Muss ich mir von meinen Geschwistern alles gefallen lassen?

Wahrscheinlich kommst du mit Brüderlein und Schwesterherz im Allgemeinen ganz gut über die Runden, aber manchmal nerven sie dich doch. Weil sie laut Musik hören (und was für welche!), wenn du Hausaufgaben machen willst. Weil sie Freunde mitbringen, wenn du im gemeinsamen Zimmer deine Comics schmökern möchtest. Weil dein Bruder Schokoladenflecken auf deinem Wörterbuch hinterlassen hat. Weil deine große Schwester schon wieder dein Lieblings-T-Shirt trägt.

Du hast Recht, wenn du auf dein Recht pochst. Die anderen haben dein Terrain zu respektieren, genauso wie

du das ihre achtest. Und es ist verständlich, dass du aus der Haut fährst, wenn sie ihre Grenzen überschreiten.

Du könntest schreiend fordern: »*Raus!*« oder »*Gib sofort das Shirt her!*« Nur bringt das – außer der Entladung deiner Wut – nicht viel. Denn auch beim berechtigten Einfordern von Rechten ist überzeugen besser. Übrigens: Von der Sekunde an, in der du dir überlegst, wie du Erfolg versprechend vorgehen kannst, bist du weniger genervt, weil du dich auf dein Handeln konzentrierst.

Zum Spaß kannst du dir auch einmal vorstellen: Wie würdest du dich verhalten, wenn du eine andere Rolle hättest? Wenn du nicht der große Bruder oder die kleine Schwester wärst, sondern deine Mutter, der eine Bluse fehlt, oder dein Patenonkel, dem jemand eine wichtige Akte verschmutzt hat. Auf welche Ideen würden sie oder er kommen?

Wenn alle Stricke reißen, kannst du sie um Hilfe bitten.

- Sie werden hoffentlich das tun, was auch unter Erwachsenen bei Konflikten nötig ist: Sie werden beide Seiten anhören, nicht nur die eine, die sich beklagt.
- Sie werden auf eine gemeinsame Zielvereinbarung hinarbeiten und abstecken, wer was wann wie zu tun hat, damit das gemeinsame Ziel »Frieden in der Familie« zu erreichen ist.

Konflikte lösen:
Die Meinung eines Unbeteiligten hören.
Die andere Seite anhören.
Gemeinsame Ziele und Schritte vereinbaren.

Vielleicht musst aber auch du dann in den sauren Apfel beißen und hier und da von deinen Maximalforderungen absehen. Aber was tut man nicht alles um der lieben Familie willen ...

Wie kann ich jemandem sagen, dass er mir auf die Nerven geht?

Warum willst du ihn dir »vom Hals halten«? Warum »stinkt« er dir? Und was willst du konkret erreichen? Versetze dich auch einmal in seine Lage: Wie hättest *du* gern, dass man dir zu verstehen gibt, wenn du etwas Störendes tust? Sicherlich würdest du nicht wollen, dass man sich ohne jede Erklärung von dir abwendet. Sicherlich würdest du nicht schätzen, dass man dir vor versammelter Mannschaft in groben Worten persönliche Dinge um die Ohren haut.

Beispiel: Schluss mit der »Angeberei«

1. Warte mit deiner Rückmeldung, bis du mit der »Nervensäge« unter vier Augen bist: »*Du, ich möchte dir was Persönliches sagen*«.
2. Sage ihr oder ihm, was du an ihm gut findest: »*Ich finde es ganz toll, wie du mir in Mathe immer hilfst, wenn ich nicht weiterkomme*«. Sage ihm auch, dass dir weiterhin etwas an einer guten Beziehung liegt: »*Ich fände es gut, wenn wir weiterhin gut miteinander auskämen.*«
3. Sage erst jetzt, was dir nicht gefällt – in den Worten, die du selbst am wenigsten ungern hören würdest:

»Nur stört es mich ziemlich, wenn du in jedem zweiten Satz erzählst, wie viel Geld ihr zu Hause habt und welche tollen Restaurants ihr besucht.«

4. Sage, welche Lösungsmöglichkeiten du siehst: »Geld ist überhaupt nicht mein Thema. Deshalb möchte ich dich bitten, dass du in Zukunft über andere Dinge mit mir sprichst.«

5. Frage, wie der andere darauf reagiert: »Was hältst du von meiner Idee?«

Sollte der andere trotz deiner Bemühungen eingeschnappt sein, darfst du jetzt nicht in Rechtfertigungen verfallen, nach dem Muster »Ich hab's doch nicht so gemeint.« Du hast es genauso gemeint und bleibst fairerweise jetzt dabei.

Kritikgespräche:
- Nur unter vier Augen.
- Erst mit Positivem eine Basis schaffen,
- dann Kritik äußern.
- Lösungen aufzeigen.
- Reaktion besprechen.

Selbstverständlich sind Beispiele immer nur Beispiele. Absicht dieses Buches ist auch nicht, dir Mustersätze in den Mund zu legen. Vielmehr soll es dir als Ansporn für eigene Ideen dienen. Deine eigenen Sätze kannst du dir zurechtlegen, bevor du loslegst. Wenn es dir hilft, schreib sie dir erst einmal auf, sprich sie dir vor und kor-

rigiere sie, bis sie aus deinem Mund natürlich klingen. Zur Übung kannst du dir gleich überlegen: Wen wolltest du immer schon einmal in seine Grenzen verweisen? Wie kannst du vorgehen? Wann tust du es?

Ein Mitschüler verlangt, dass ich ihm bei einer Klassenarbeit helfe. Soll ich?

Gute Taten können nicht schaden, dem Gebenden nicht, nicht dem, der sie empfängt. Nur: Was hat dein Mitschüler davon, dass du ihm hilfst? Und was hast du davon? Warum er Hilfe will, brauchen wir nicht weiter zu erörtern: bessere Note, Versetzung, Anerkennung, Ruhe zu Hause sind Gründe genug. Ob ihm aber auf Dauer damit gedient ist? Nimmt er dauerhaft Hilfe in Anspruch, lernt er niemals, für sein Verhalten Verantwortung zu tragen. Er lernt allenfalls, dass er von Hilfe abhängig ist – und das ist für sein Selbstbewusstsein nicht ideal.

Frage ihn einmal, wie er überhaupt dazu gekommen ist, in diesem Fach so schlecht dazustehen. Frage ihn ruhig auch, wie er darauf kommt, von dir Unterstützung – dazu noch in einer gefährlichen Situation – zu verlangen. Du merkst dann schnell, welche Bewandtnis es mit dem Sprichwort »Wer fragt, der führt« hat: Derjenige, der an dich mit einer Forderung herantrat, wird im Handumdrehen zu dem, der sich Antworten überlegen muss. Diese Antworten brauchst du, um entscheiden zu können: Tust du's oder tust du's nicht?

Dabei gibt es ganz unterschiedliche Fragearten. Hier sind die wesentlichen am Beispiel vorgestellt:

- **Informationsfragen**

vertiefen das Wissen: »*Was kannst du nicht?*«, »*Warum hast du nicht gelernt?*« Informationsfragen sollten offene Fragen sein und vorwiegend mit »w« anfangen: »*wer mit wem wo was wann wie warum?*«

- **Alternativfragen**

bieten die Möglichkeit zur Auswahl und enthalten das Wort »*oder*«: »*Willst du, dass ich dir im nächsten Test helfe oder in der nächsten Arbeit?*«

- **Suggestivfragen**

drängen den Befragten in eine bestimmte Richtung: »*Willst du, dass wir während der Arbeit vor den Augen des Lehrers die Hefte tauschen?*« Da sollte er schon bitte mit »*Nein*« antworten, nicht wahr?

- **Gegenfragen**

bringen das Gegenüber dazu, sich präziser auszudrücken: »*Was meinst du damit, dass ich dir bei der Arbeit helfen soll?*«

- **Hypothetische Fragen**

beziehen mögliche Folgen ein: »*Was würde denn passieren, wenn wir erwischt werden?*«

- **Kontrollfragen**

überprüfen das Verständnis oder ein Ergebnis: »*Habe ich jetzt richtig verstanden, dass du nur willst, dass ich mein Heft in deine Richtung schiebe?*«

Mit dieser Liste bist du schon einmal ganz gut gerüstet, um dir einen größeren Freiraum durch mehr Information zu verschaffen.

> **Wer fragt, der führt:**
> *Nimm das Heft in die Hand – stelle alle Fragen, die du für deine Entscheidung benötigst.*

Damit ist jetzt noch nicht geklärt, ob du helfen sollst oder nicht. Damit du noch mehr Informationen hast für die Entscheidungsfindung, stellst du jetzt am besten die entsprechenden Fragen an dich selbst. Und antworten nicht vergessen!

• Informationsfragen
Was hast du davon, wenn du einem schwächeren Mitschüler hilfst? Was trägt das zu deinem Selbstwertgefühl bei? Was zu deinem Ruf in der Klasse?

• Alternativfragen
Möchtest du lieber ihm helfen oder einem andern? Lieber in der Arbeit oder lieber an einem anderen Punkt – wie den Hausaufgaben?

• Suggestivfragen
Du bist doch ein netter Klassenkamerad, der immer für alle da ist, oder? Kannst du es dir leisten, von einem Lehrer erwischt zu werden?

• Gegenfragen
Was verstehst du eigentlich unter Hilfe? Und unter Klassengemeinschaft?

• Hypothetische Fragen
Wenn du nicht helfen würdest, was würden deine Freunde von dir sagen? Was würden sie sagen, wenn du

es tätest? Wer hilft eigentlich diesem Schüler, wenn du es nicht tust?

• **Kontrollfragen**

Was wird geschehen, wenn du ihm in der nächsten Arbeit erfolgreich geholfen hast? Wie wird deine Stellung in der Klasse sein, wenn du es nicht tust?

Möglicherweise kommt bei deinen Überlegungen heraus, dass die gesamte Fragestellung nicht unbedingt auf ein Ja oder Nein hinausläuft, sondern vielmehr auf eine Alternative: »*Ich helfe dir bei der Vorbereitung, dann brauchst du mich in der Arbeit nicht*« wäre eine solche denkbare Lösung. Du hättest so den Ausweg aus einer Sackgasse gefunden. Denn wenn du dich einmal auf etwas einlässt, kannst du leicht gezwungen werden, auch den zweiten Schritt zu tun. Wo du doch den ersten schon nicht tun wolltest.

In ähnliche Bedrängnis kannst du kommen, wenn in deiner Clique Forderungen an dich gestellt werden, die dir nicht ganz geheuer sind. Hier wird Alkohol in Unmengen getrunken und du wirst als »Schlappschwanz« bezeichnet, wenn du nicht mitziehst. Dort gibt es Drogen im Angebot, anderswo wiederum wird beschlossen, dass die Clique auf Beutezug durch die Kaufhäuser geht. Nicht ganz so schlimm ist es wohl, wenn der Druck in Richtung auf Kleidung mit bestimmten Labels geht, unangenehm ist aber auch das. Wende einmal die Fragetechnik auf solch eine Forderung an. Dass hier auch das Kapitel 3 Argumentieren weiterhilft, ist klar.

Auswege aus Sackgassen:
Fragen stellen – Verantwortung teilen.

Wie kann ich verhindern, dass ein Lehrer mir zu nahe kommt?

Ihr schreibt eine Klassenarbeit, der Lehrer schaut dir wohlmeinend über die Schulter und kommt dir näher, als es die »gesellschaftliche Distanz« von mehr als einem Meter erfordert. Das stört dich. Vielleicht stellst du dir vor, er käme bald noch näher an dich ran, und in deinem Kopf beginnt ein Horrorfilm abzulaufen. Vielleicht findet die Bedrohung tatsächlich vorwiegend in deinem Kopf statt und du solltest sie dort auf das reduzieren, was sie ist: ein gut gemeintes, wenn auch ungeschicktes Hilfsangebot.

Dennoch kannst und darfst und solltest du dafür sorgen, dass andere Menschen auch räumlich in ihrem Revier bleiben und das deine unbeschadet lassen, gleichgültig, welche Rolle im Leben sie spielen. Sich wichtig fühlende Menschen nehmen gern mehr Raum ein, als anderen lieb ist, und haben wenig Sensibilität für das klamme Gefühl, das sie bei anderen erzeugen. Im übrigen wollen wir nicht so tun, als seien die »Eindringlinge« immer nur Männer: Es gibt auch Frauen, die ihre Grenzverletzungen nicht bemerken.

Also: Sichere deine Intimsphäre gegen alle, gegen die du sie verteidigen willst.

99

1. Setze, wenn möglich, einen Gegenstand zwischen dich und den Störenfried, einen Stuhl, einen Rucksack, verlagere deine Position so, dass mindestens eine Tischecke zwischen euch ist.
2. Steh auf, wenn jemand sich über dich beugt: Du wirkst dadurch größer, das (Macht-) Gefälle wird wenigstens räumlich aufgehoben. Außerdem verschaffst du dir so leichter Raum. Und »Power« geht immer einher mit Platz. Wenn das nicht geht, rutsche wenigstens so weit weg, dass die Bewegungen des Eindringlings ins Leere laufen (siehe oben). Doch Vorsicht: Lass dich nicht mit dem Rücken an die Wand drücken.
3. Wenn diese Winke mit dem Zaunpfahl nicht fruchten, drücke dein Unwohlsein aus: *»Danke, dass Sie mir helfen wollen. Mir wäre lieber, wenn Sie dies aus einem größeren Abstand tun.«*

Mit dieser Methode schützt du dich in doppelter Hinsicht: Du zeigst dem andern, wo dein Terrain beginnt und seines endet, und du unterstellst ihm nicht, dass er es verletzen wollte. Wenn er jedoch dein Abgrenzungsbestreben übergeht, hast du eine ganze Palette von Strategien zur Verfügung, um ihm verbal auf die Finger zu klopfen: Argumentation (Kapitel 3), Fragetechnik (siehe oben), Feedback (Kapitel 6).

Platz schaffen:
Auch gegenüber »wichtigen« Personen hast du ein Recht auf deinen Freiraum. Bestehe darauf.

5. Big Talk
Auftreten im öffentlichen Rahmen

Ob beim Verlesen der Hausaufgaben, ob bei Omas Geburtstag, ob bei der Jubiläumsfeier deines Sportvereins: Wenn du vor größeren Gruppen sprichst, willst du möglichst viele Menschen erreichen und alle haben ihre unterschiedlichen Wünsche, Erwartungen und Bedürfnisse. Dabei willst du dann auch noch eine gute Figur machen. So sind für solche Gelegenheiten noch mehr Überlegungen und Übungen gefragt, als wir bisher besprochen haben. Auch in diesem Kapitel findest du Beispiele für Szenen, in denen bestimmte Anforderungen an dich herangetragen werden oder Probleme des Kommunizierens auftauchen. Die geschilderten Anlässe erlebst du vielleicht nie in dieser Form, sie sind jeweils als Denkanstöße für dich und deinen Alltag gedacht.

**Sobald ich meine Hausaufgaben vorlese,
werde ich knallrot und mir bleibt die Stimme weg.**
Sich dem – kritischen – Interesse von Lehrer und Klassenkameraden aussetzen und das auch noch mit einem eigenen Produkt – für viele gibt es Schöneres im Leben. Vor allem wenn ein kleines Teufelchen im inneren Ohr ziemlich hässliche Dinge flüstert: »*Sie werden wieder kichern. Der Lehrer wird die Nase rümpfen. Hättest du doch den Aufsatz neu geschrieben!*«
Das Teufelchen hat zwar bestimmt nicht Recht, verteu-

feln solltest du es dennoch nicht. Denn verjagst du es, kommt es wieder, und zwar am liebsten, wenn du es nicht brauchen kannst. So teuflisch es auch wirken mag: Es hat sein Gutes. Erstens hilft es dir, hellwach und gegen »Angriffe« gewappnet zu sein. Zweitens lehrt es dich, wie du in Zukunft weniger ins Schleudern kommst: Eine bessere Vorbereitung beruhigt auch dein Gewissen.

> **Zweifel und Selbstkritik nutzen:**
> *Die kritische Stimme in deinem inneren Ohr kann dir weiterhelfen – beim nächsten Mal.*

Bei der Vokabelabfrage bleibt mir oft das Wort im Hals stecken, obwohl ich alles weiß. Das ärgert mich.

Der Lehrer ruft deinen Namen auf, öffnet sein Buch – jetzt muss es schnell gehen. Was nimmst du jetzt in eurem Klassenzimmer wahr? Vielleicht schaut ein Klassenkamerad, mit dem du dich nicht gut verstehst, an die Decke, sicherlich holt dein Lehrer sein Notenbuch hervor, dein eigenes Latein-, Englisch- oder Französischbuch liegt erbarmungslos geschlossen auf deinem Tisch. Diese Bilder hast du vor Augen und sie sind hervorragend geeignet, um dir dein Herz in die Hosentasche rutschen zu lassen. Was du siehst, zieht dir Kraft ab.

Es könnte genauso gut anders sein, du könntest den Spieß herumdrehen und in diesem gleichen Klassenzimmer mit den gleichen Menschen und den gleichen Vorgängen Kraft tanken.

> **Kraft tanken:**
> *Stell dir vor, du sitzt ganz gelassen in einer Unterrichtsstunde in deinem Klassenzimmer und schaust dich um:*
> *Was gefällt dir dort? Was davon könnte dir Kraft, Ruhe, Sicherheit spenden?*
> *Ist es das verständnisvolle Lächeln deiner besten Freundin? Oder das bunte Poster an der Wand?*
> *Oder gibt es gar nichts, das dich positiv beeinflusst? Kein Problem. Dann setze dir ein angenehmes Bild in dein Blickfeld, etwas Positives, das du aus deiner Phantasie holst. Vielleicht hockt jetzt gerade dein Goldhamster Freddy auf dem oberen Tafelrand und blinzelt dir zu. Oder die Spice Girls richten die rechte Hand zum Victory-Zeichen auf – nur für dich.*

Übung

Musstest du gerade lachen? Dann ist das Ziel erreicht. Wenn du lachen kannst, kannst du handeln, bist du aus einer Schlinge befreit. Probier's mal aus, zuerst bei harmlosen Angelegenheiten, dann bei Abfragen und anderen unangenehmen Dingen, später, wenn du öffentlich Ansprachen hältst: Jeder Raum kann dir Kraft spenden, du brauchst die Quellen nur bewusst zu suchen.

> **Gegen Verunsicherung:**
> *Nutze deine Umgebung als Kraftspender.*

Vor der Klasse zu stehen ist mir peinlich.

Die Situation ist objektiv: Du stehst vor der Klasse, du sprichst, die andern schauen dich an und hören dir zu. Manchen Menschen, die »da vorn« stehen, ist das gleichgültig: Sollen die anderen doch gucken, denken sie. Wenigen tut es ausgesprochen gut, die ungeteilte Aufmerksamkeit aller auf sich zu ziehen: »Hurra!«

Auch dir ist das unangenehm, sei beruhigt: Den meisten Jugendlichen geht es so. »Schutzlos« stehen sie da und »ausgeliefert«, das ist euch »peinlich«.

Überlege einmal: Was macht dir »Pein«? Was kann dir in der realen Situation schlimmstenfalls passieren? Dass du nicht weiterweißt. Dass einer kichert. Dass deine Traumnote den Bach hinuntergeht. Dass dein Vater deshalb sauer reagiert. Aber lebensgefährlich ist das alles nicht. Es ist ganz heilsam, wenn du dich in einer unangenehmen Situation fragst, was tatsächlich passieren kann: Meist beruhigt das Ergebnis ganz ungemein.

> *Gegen Peinlichkeit:*
> *Mach dir klar, was schlimmstenfalls passieren kann.*

Wenn sich die Aufregung nicht lohnt, kannst du vielleicht über deine Fähigkeit, Horrorszenarios zu entwerfen, lachen. Oder hast du wirklich schlimme Folgen zu befürchten? Dann wende dich bitte ganz bald an einen Lehrer deines Vertrauens. Lehrer, die dein Vertrauen verdienen, gibt es an jeder Schule; es lohnt sich, sie ausfindig zu machen.

Wenn ich nervös bin, trippele ich herum.
Wie kann ich das abstellen?

Zuerst einmal herzlichen Glückwunsch, dass du das Trippeln überhaupt spürst, manche Menschen haben längst nicht so ein ausgeprägtes Körpergefühl. Andere macht dein Trippeln vielleicht nervös, dich braucht es nicht aufzuregen, im Gegenteil: Hier sorgt dein Unbewusstes sehr liebevoll für dich.

Denn: Trippeln tut gut! Katzen treteln in ihrem Körbchen, wenn sie es sich gemütlich machen, Säuglinge werden in Mutters Armen in den Schlaf gewiegt, kleine Kinder trösten sich durch Schaukelbewegungen, wenn sie einsam sind. Genau das willst und kannst du mit deinem Trippeln erreichen. Bis heute war das unbewusst, ab heute ist professionelles Trippeln angesagt.

Das Kunststück besteht darin, das Trippeln beizubehalten und dessen Schwingungsweite so zu verringern, dass die anderen es nicht wahrnehmen.

> *Ins Gleichgewicht kommen:*
> *Lass automatische Wiege-Bewegungen zu und verkleinere sie, bis sie auf deine Zehen beschränkt sind.*

Wenn du das ein wenig übst, kannst du auch im Ernstfall vom sichtbaren zum unsichtbaren Erzeugen von Ausgeglichenheit übergehen.

Ganz beiläufig erhöhst du durch solche Übungen generell dein Gefühl für deine Körperreaktionen – und das kann nie schaden.

Wohin mit meinen Händen?

Manche Menschen sind, wenn sie sich den Blicken einer Gruppe ausgesetzt fühlen, vorwiegend mit der Frage beschäftigt, welche Gesten sie machen sollen. Damit erreichen sie in erster Linie, dass sie sich von ihrem Thema wegkonzentrieren, und in zweiter Linie, dass sie auf ihr Gegenüber unsicher und unnatürlich wirken.

Also: entspann dich, lockere deine Schultern, und lass die Hände dort, wo sie sind, herunterhängen. Zu Beginn einer Rede, eines Vortrags, einer Abfrage gehören sie genau dahin.

Du stehst gerade, du baust Blickkontakt mit deinem Gegenüber auf – Lehrer, Mitschüler, Festgemeinde, wer das auch ist –, die Hände sind entspannt.

Wie das wirkt? Entspannt. Und zwar betrifft diese Wirkung zum einen dein Publikum, das dir dafür Respekt zollt, dass du ohne an einem Stift zu drehen oder dich hinter einem Stuhl zu verschanzen, vor ihm stehst. Zum andern entspannst du dich durch die entspannende Bewegung selbst.

Im Lauf deines »Auftritts« kommt Bewegung in dich hinein: Bei der Abfrage weist du auf eine Landkarte, beim Referat legst du eine Folie auf, dem Geburtstagskind überreichst du ein Präsent, in deinem Plädoyer für die Stelle des Klassensprechers weist du je nach sprachlicher Aussage auf die Schule, auf das Publikum, auf die Lehrer »da draußen«, auf das Rathaus »da oben«. Alle diese Gesten kommen organisch aus dir heraus, sie sind echt und wirken daher natürlich.

Zum Glück. Denn: wenn Sprache und Körper widersprüchliche Botschaften aussenden, glaubt das Gegenüber dem Körper mehr als dem Wort.

Stell dir einmal vor, deine Freundin beteuert: »*Ich liebe dich*«, dabei blickt sie starr auf den Boden und ihre Stimme wird hart und laut. Fällst du ihr dann begeistert um den Hals? Wohl eher nicht.

Für dich gilt also: Versetze dich in einen guten Zustand, überprüfe hin und wieder deine Wirkung, dann geht alles wie von selbst.

Vor einer Gruppe sicher wirken:
Gerade stehen, Blickkontakt anbieten, Arme und Hände locker hängen lassen.
Bereite dich so gut vor, dass du natürlich sein kannst und deine Gestik von innen kommt.

In Diskussionen komme ich kaum zu Wort.

Auch wenn du erfolgreich an einer Diskussion teilnehmen möchtest, solltest du dich vorbereiten: Wie lautet das Thema – ganz genau? Welche Argumente hast du für welchen Standpunkt? Welche Argumente werden andere Gesprächsteilnehmer ins Feld führen? Wie wirst du sie widerlegen können?

Mehr noch: Bereite (mindestens) den ersten Satz deiner Aussage vor, sprich ihn auf dem Weg zu der Diskussion mehrfach laut vor dich hin. Erstens kannst du ihn dir so besser merken, als wenn du ihn »nur so« mal vor dei-

nem inneren Ohr abspulst. Zweitens kannst du korrigieren: Ist es wirklich deine Stimme, die da spricht?

Dieses Mittel solltest du möglichst früh in einer Diskussion umsetzen. Denn je länger du schweigst, desto schwerer wird es für dich, dich einzubringen. Einmal, weil du dich mit dem Gedanken: Wann kann ich endlich mal einen Satz platzieren?, verkrampfst. Zweitens, weil dein vorbereitetes Statement nach zwei Diskussionsstunden bestimmt nicht mehr so gut passt wie am Anfang. Drittens weil die Gesprächsrunde sich daran gewöhnt, dass du mitredest, und dir später leichter wieder Redezeit einräumt.

Eine brillante Argumentation, eine überzeugende Wortwahl, die Hörer sind gebannt – und dann kommt: »*Eh, ja, hm, das war's, was ich sagen wollte*«, möglichst noch mit gesenktem Blick vorgetragen und von einer hektischen Handbewegung entwertet: Wundere dich nicht, wenn du in diesem Moment der Gegenseite ihr bestes Argument zugespielt hast. Ein unsicherer Abgang ist ein Eigentor.

Drum: Bereite auch das Schlusswort deines ersten Diskussionsbeitrags in Wort und Ton vor.

An Diskussionen aktiv teilnehmen:
Thema von allen Seiten beleuchten.
Vorbereitung ist (fast) alles: Pro und Contra, erster Satz, letzter Satz, Argumente.

Übung

> **Diskussion:**
> *Erinnere dich an die letzte größere Diskussion, an der du teilgenommen hast.*
> *Was war deine Überzeugung zum Thema?*
> *Wie hättest du sie nach dem Muster mitteilen können?*

Ist gegen Dauerredner ein Kraut gewachsen?

Kommt dir hier deine gute Erziehung in die Quere? Haben deine Eltern dir so oft geraten: *»Du sollst andere ausreden lassen«*, dass du andere gar nicht mehr unterbrechen kannst? Unterbrechen brauchst du Dauerredner auch nicht. Denn auch sie müssen einmal atmen. Und in diese Atempause hinein kannst du dein Statement donnern: *»Hierzu will ich direkt etwas sagen«*. Und schon bist du im Gespräch.

Du solltest nur den Sprecher, dem du gerade das Zepter aus der Hand genommen hast, nicht abqualifizieren: *»So ein Blödsinn, halt doch endlich mal die Klappe!«* ist keine würdige Äußerung und du hättest auch nicht gern, dass er sich bei dir für die Unterbrechung nach einer Minute mit ähnlichem Wortlaut revanchiert.

> **Gezielt unterbrechen:**
> *Eine Atempause abwarten und umlenken.*

Jetzt kannst du das Gespräch in eine neue Richtung lenken. Beispielsweise hat sich der Dauerredner bei der Diskussion um das Klassenfest in der Frage: »*Wer besorgt die Stereoanlage?*« festgebissen. Du findest, er kommt von einer Einzelheit in die andere und hakst ein: »*Die Stereoanlage ist ein wichtiges Problem, deshalb bin ich dafür, dass wir zuerst einmal die anderen Punkte regeln. Also: Wer bringt Salate mit, wer sorgt für die Getränke?*« Mach dir über den Dauerredner keine Gedanken. Er wird sich schon wieder ins Gespräch bringen.

Ich habe Angst vor Fragen nach meiner Meinung.

»*Sollen wir nach Düsseldorf fahren oder nach Dresden? Nadine, du hast dich dazu noch gar nicht geäußert.*« Die Frage der Lehrerin trifft dich wie der Blitz aus heiterem Himmel, die schlimmsten Befürchtungen schießen dir durch den Kopf: Ich hab doch keine Ahnung. Ich werde mich lächerlich machen. Warum fragt sie ausgerechnet mich?

Halt! Stopp! Notbremse! Du weißt, dass du dir in diesem Augenblick im Kopf eine Horrorwelt aufbaust, die mit der Wirklichkeit wenig zu tun hat. Schluss damit. Langsam machen. Tief durchatmen.

Selbst wenn du durch die plötzliche Aufforderung überrascht bist, kannst du mit Hilfe eines Rasters schnell auf die Beine kommen:

1. Wiederhole die zuletzt genannte Aussage, dadurch kommst du wieder ins Spiel hinein.

2. Nenne deinen Standpunkt genau in Bezug auf diese Aussage: »*Das sehe ich auch so / das sehe ich anders.*« Damit hast du einen konkreten Anhaltspunkt und brauchst nicht Für oder Wider klar auszuloten.

3. Begründe deinen Standpunkt: »*Dresden soll langweilig sein? Im Gegenteil: ...*«

4. Du bist inzwischen in Schwung gekommen. Jetzt kannst du weitere Aspekte ausbreiten, und zwar möglichst anschaulich. »*Auf der Elbe hinauf zu den Schlössern fahren, abends durch den Zwinger spazieren ... – das ist lebendige Geschichte!*«

5. »*Dresden wird in ein paar Jahren zu den schönsten Städten Europas zählen, und wir können die Entwicklung selbst verfolgen: Ich bin für Dresden und ihr hoffentlich auch.*« Das war dein Fazit, gefolgt von der Aufforderung, die anderen mögen dir folgen.

Überraschende Fragen beantworten:
1. Die letzte Aussage wiederholen.
2. Den Standpunkt hierzu äußern.
3. Begründen.
4. Weiterführen.
5. Fazit ziehen und auffordern: Denkt so wie ich.

Schnell seine Meinung äußern:
Wie gefällt dir dieses Buch?
Bitte notiere deine Meinung nach dem obigen Muster.

Übung

111

Vielleicht schreibst du sie mir sogar. Die Anschrift:
Elisabeth Bonneau
c/o Ellermann Verlag
Poppenbütteler Chaussee 53
22397 HAMBURG
Wenn du Zweifel hast, ob du den Brief nach den Regeln der Kunst schreiben kannst – siehe Kapitel 7.

Vor einer Rede grübele ich tagelang.
Was kann ich tun, damit mir schneller etwas einfällt?

Vielleicht musst du einer Lehrerin ein Geschenk überreichen, vielleicht willst du für die Schülermitverwaltung kandidieren. Was der Anlass auch sein mag: Du findest den Einstieg nicht.

Kein Wunder: Du verkrampfst dich so, dass Kreativität überhaupt nicht aufkommen kann. Schwing dich lieber auf dein Fahrrad oder jogge eine Stunde durch den Wald. Dann ab unter die Dusche. Lass ein paar Minuten das lauwarme Wasser auf dich herunterprasseln – und denk dabei an deine Rede. Nicht gezielt, nicht logisch, lass deinen Gedanken freien Lauf. Da! Das war's! Das ist der Einstieg! Oder der Schluss! Oder der Aufbau! Du hast die Rede jetzt zwar längst noch nicht unter Dach und Fach, aber du hast eine Ecke davon zu fassen bekommen. Von der aus kannst du dich weiterhangeln.

> **Ideen finden:**
> *Aus der Entspannung heraus springen kreative Ideen in dein Bewusstsein.*

Wie kann ich meine Gedanken am besten sortieren?

Dein Lieblingslehrer verlässt die Schule. Was kannst du ihm in Vertretung der Klasse sagen? Das weiß ich natürlich auch nicht. Um dir aber einen Tipp geben zu können, brauche ich ein Mind Map. Das ist – im Gegensatz zu einer linearen Gliederung, wie du sie aus der Aufsatzlehre kennst – eine komplexe Karte des Gehirns zu einem Thema. Auf solch einer Landkarte kannst du mit einem Blick die Übersicht über deine Grundgedanken behalten und immer wieder neue Ideen an die passende Stelle einbauen, ohne dass dein Überblick darunter leidet. Sie ist also geeignet 1. in der Phase der Ideenfindung und 2. beim Sortieren der Gedanken. Mind Mapping ist keinesfalls auf das Verfassen und Halten von Reden beschränkt, du kannst damit Aufsätze vorbereiten und große Referate und sogar deinen Tagesplan auf die Reihe bekommen.

Wenn ich eine Ansprache zur Verabschiedung eines Lehrers halten müsste, würde ich an deiner Stelle folgendermaßen vorgehen:

Ins Zentrum eines Blattes schreibst oder zeichnest du dein Thema. Von der Mitte ausgehend weisen Bahnen den Weg zu verschiedenen Aspekten, die sich zu Einzelaspekten verästeln. Je mehr du in entspanntem Zustand – siehe oben! – vor diesem Blatt sitzt, desto mehr Teile fallen dir ein, und du kannst sie einfügen, ohne das Gesamtbild zu zerstören. Im Gegenteil, durch Farben, Pfeile und andere Zeichen kannst du Beziehungen zwischen einzelnen Gedanken herausheben.

Der Vorteil gegenüber einer linearen Gliederung ist zum einen, dass du nichts streichen oder verschieben – dich also nicht immer wieder selbst korrigieren und tadeln – musst. Zum andern schaust du immer auf das ganze Blatt und kannst dir dadurch die Zusammenhänge leicht merken. Wenn du dann deine Rede endlich hältst, hast du schnell den Zugriff auf neue Aspekte, wenn dir der Faden gerissen sein sollte.

Beispiel: Mind Map zum Lehrer-Abschied

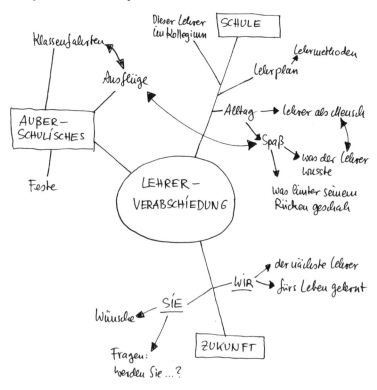

Was kann ich tun, wenn ich den Faden verliere?

Ruhig bleiben, denn du bist mit deinem Publikum in bester Gesellschaft: Auch die anderen wissen nicht, was du als nächstes vorhattest zu sagen. Sie haben keine Ahnung – daher können sie nicht enttäuscht sein, wenn du etwas anderes als geplant ausspuckst. Dennoch bist du bestrebt, den Faden wieder zu finden, und gehst jetzt systematisch vor.

1. Zapfe deine Kraftspender im Raum an.
2. Schau nach oben – das gibt dir neue Ideen. Wenn du jemals feststellst, dass dein Blick gerade den Fußboden registriert hat, richte sofort den Kopf nach oben. »Kopf hoch« gilt hier im doppelten Sinn.
3. Wiederhole deine letzten Worte. Dein Publikum hält die Wiederholung für ein Stilmittel, Wiederholungen machen Sätze wichtig. Wie beim Tanzen kommst du wieder in den Rhythmus und erhöhst die Wahrscheinlichkeit, dass du wie eine Kassette nun den nächsten Satz abspulen kannst.
4. Benutze dein Konzept, das du zu Hause sorgfältig und für den Fall des Falles vorbereitet hast.
a. Nimm hierfür feste Karteikarten im DIN A 6 Format, keine weißen und nur einseitig beschriftete – damit dein Publikum nicht ständig auf die Karten starrt.
b. Jede Karte nummerierst du und teilst sie auf in einen Inhaltsteil – circa zwei Drittel – und einen Regieteil. Im Inhaltsteil finden sich Gliederungspunkte in Farben aufgeteilt: Überpunkte z.B. rot, Unterpunkte grün. Der Regieteil enthält Zeichen, die dir deine Art

zu sprechen ins Gedächtnis rufen. Damit du nicht durcheinander kommst, sind hier Zeichen besser als Worte.

c. Auch im Inhaltsteil keine vollständigen Sätze aufschreiben – außer Zitaten, die Wort für Wort »sitzen« müssen. Sonst würdest du am Konzept kleben und das kommt nicht gut rüber.

d. Die Karten nummerierst du fortlaufend, sodass du immer weißt, an welcher Stelle du gerade bist: 3 / 5 heißt: dies ist die dritte Karte von insgesamt fünf Karten. Die letzte Karte wählst du in einer anderen Farbe; selbst wenn du total durcheinander kommst, kriegst du auf diese Weise immer ein gutes Ende hin.

Zu Opas Siebzigstem soll ich eine Ansprache halten.
Darf ich da reden, wie mir der Schnabel gewachsen ist?
Ja, aber ... Bei Opas Geburtstag ist mit einem Publikum unterschiedlicher Altersstufen, Berufsgruppen, vielleicht sozialen Umfelds zu rechnen, Opa und alle andern sollen sich angesprochen fühlen. Daher solltest du eine anschauliche Sprache wählen (Kapitel 2) und darüber hinaus folgende Fragen für dich beantworten:

1. Bist du Dialekt-Sprecher? Sind alle deine Zuhörer es auch? Gegen Mundart ist nichts zu sagen, es ist schön, wenn man einem Menschen anhört, wo seine Wurzeln sind. Da die Sprache aber in erster Linie als Mittel der Verständigung eingeführt wurde, solltest du dich bemühen, deutlich zu sprechen, ob in deiner Mundart oder auf Hochdeutsch. Die Korkenübung

aus Kapitel 1 hilft dir weiter. In der Schule und später im Beruf reicht es aber wahrscheinlich nicht aus, dass du deinen Dialekt deutlich sprichst. Daher solltest du dich bemühen, dort hochdeutsche Wörter zu benutzen und hochsprachliche Grammatik. Das Badische »*Sag Oma Hilde ein schöner Gruß*« beispielsweise ist unter Badenern reizend, in Norddeutschland würde man dich wegen des falschen Akkusativs belächeln. Und das kannst du dir ersparen – auch jetzt schon, wenn bei Opa nicht nur Einheimische zu Gast sind.

2. Benutzt du häufig Wörter der Umgangssprache? In feierlichen Ansprachen machen sie sich als Zitate gut, ansonsten solltest du sie auf ein Minimum beschränken. Da wird aus »kriegen« »bekommen«, da wird aus einem »Wisch« ein »Schreiben«, aus »Jux« Spaß, aus »schmeißen« »werfen« undsoweiter (siehe Kapitel 2).

3. Bist du in einer Clique, die ihren Zusammenhalt unter anderem mit Mode- und In-Wörtern fördert? Dann ist es für euch chic, eine Zeit lang etwas »mega« zu finden, »cool« oder »geil«. Diese Wörter sind oft recht phantasievoll und tun für eine begrenzte Zeit unter euch und zur Abgrenzung anderer Gruppen hervorragend ihren Dienst. Von Erwachsenen werden sie oft nicht oder (was ist schlimmer?) missverstanden. Ganz davon abgesehen, dass das Sprachniveau dieses selbstgewählten Codes zu einer würdigenden Rede nicht passt. Wenn du deinem Großvater mit deiner Ansprache eine Freude machen und für dich einen

Achtungserfolg verbuchen möchtest, stellst du dich auf eine einem Großteil deines Publikums geläufige Sprechweise ein.

> ### Für Zuhörer sprechen:
> *Passe dich der Sprache deiner Zuhörer an, wenn sie dich verstehen sollen.*

Übung

> ### Sprachlich flexibel:
> *Nimm dir die Zeitung von heute vor und greife eine Meldung heraus, vielleicht das Wetter von morgen, vielleicht eine politische Information.*
> *Dann formuliere diese Meldung um*
> *a. für kleine Kinder,*
> *b. für ältere Herrschaften,*
> *c. für deine Freunde aus der Nachbarschaft undsoweiter.*

Hast du die Meldungen aufgeschrieben, stellst du fest: da kommen jeweils bei gleichem Inhalt ganz andere Texte heraus. Der Nebeneffekt außer dem Spaß soll sein, dass du damit deine eigene Sprache flexibler machst. Dass du beweglicher wirst im Sprechen – und im Denken. Ohne dass gleich an einen schulischen Zusammenhang zu denken ist. Im Ernstfall gelingt es dir dann viel schneller, für den gleichen Sachverhalt verschiedene Wörter je nach Adressatengruppe zu finden, als wenn du nur sprichst, wie dir dein Schnabel gewachsen ist.

Was kann ich tun, damit mein Publikum bei der Stange bleibt?

»Der erste Eindruck zählt« ... hier ist der Spruch schon wieder. Das heißt: Mit dem Satz *»Ich heiße Lieschen Müller und euch herzlich willkommen«* wirst du dein Publikum nicht zu Beifallsstürmen hinreißen. Auch *»Sehr geehrter Herr Meister, liebe Mitschülerinnen und Mitschüler«* hebt sie nicht von den Stühlen. Damit haben sie gerechnet, sie ahnen, dass sie noch ein paar Minuten weiterdösen können. Den Spaß solltest du ihnen verderben.

Tu daher etwas, womit sie nicht gerechnet haben: Stell ihnen eine Frage: *»Wie lange war Meister eigentlich an unserer Schule? Wer weiß es genau?«* Jetzt sind sie wach, darauf kannst du dich verlassen.

Oder: *»Können wir als Schüler uns vorstellen, was es bedeutet, vierzig Jahre lang jeden Morgen in die Schule zu gehen?«*

Oder erzähle ihnen ein Erlebnis: *»Als ich heute Morgen in die Schule ging, fragte ich mich ...«* Merkst du, wie deine Phantasie sich von selbst ankurbelt?

Einstieg in eine Rede:
Bei welcher nächsten Gelegenheit wird eine Rede fällig sein?
Wer wird sie halten?
Zu welchem Einstieg würdest du dem Redner raten, damit sein Publikum gefesselt ist?

Übung

Ist die Rede lang, gib nun eine Übersicht über ihre einzelnen Teile: *»Zuerst erzähle ich einige Erlebnisse mit Hern Meister, die wir nie vergessen werden. Dann kommen eine Reihe von Stilblüten, ja, von Ihnen, und zum Schluss will ich einige allgemeine Gedanken zum Verhältnis zwischen Schülern und Lehrern an unserer Schule loswerden.«*

Stehe gerade, entspanne dich, atme und halte Blickkontakt, zum Geehrten und zu allen anderen, vor allem zu denen, die dich wohl wollend und interessiert begleiten. Biete Beispiele und Vergleiche, erzähle kurze Anekdoten, bleibe beim Du-/Sie-Standpunkt und halte dich an konkrete Wörter (siehe Kapitel 2).

»Bis in alle Ewigkeit werden wir uns zu Dank für Ihre stets wertvollen Ausführungen verpflichtet fühlen« – nein danke.

Füllwörter, Verallgemeinerungen, Phrasen sind out; ehrliche, fassbare Äußerungen sind in. Herr Meister würde sich sicherlich über folgende Äußerung mehr freuen als über einen hohlen Spruch: *»Lieber Herr Meister. Wahrscheinlich können wir jetzt noch gar nicht abschätzen, welch guten Grundstock wir durch Sie bekommen haben. Wir danken Ihnen dafür. Schon heute.«*

Und ... bedenke das Ende. Nicht nur, dass du deine Rede vorher drei- oder viermal halten solltest, um die dir vorgegebene Zeit einzuhalten. Denke daran, dass »der letzte Eindruck bleibt.«

Ziehe ein Fazit deiner Ausführungen: *»So oft wir Sie vielleicht auch genervt haben mit nicht gemachten Haus-*

aufgaben, Schwätzen in der Stunde und Spickzetteln bei den Tests: Wir sind traurig, dass wir Latein ab jetzt ohne Sie lernen müssen.« Vielleicht hast du zusätzlich auf einem Kalenderblatt ein Zitat gefunden, das hierher passt.

Spannend sprechen:
Überrasche dein Pubiikum mit einem ansprechenden Einstieg.
Erst wenn du die Aufmerksamkeit deiner Zuhörer gewonnen hast, tust du, was sie von dir erwarten und begrüßt sie.
Bei langen Reden: Gönne deinem Publikum eine Übersicht.
Sprich eine lebendige Sprache.
Zum Schluss: ein Satz, der im Gedächtnis bleibt.

In jedem Fall werden deine Klassenkameraden Beifall klatschen, Herr Meister wird möglicherweise gerührt sein Taschentuch hervorholen. Währenddessen ergreifst du das Geschenk, das ihr für Herrn Meister vorgesehen habt, überreichst es ihm und gehst sicher und zufrieden mit deiner Leistung ab. Jetzt ist Herr Meister dran.

Ob du deiner Patentante das Geburtstagsgeschenk überreichst, ob du Angelika und Norbert zur Verlobung gratulierst, ob du der Klasse die Beschlüsse der Schülermitverwaltung mitteilst oder im Jugendgemeinderat eine Basketballanlage forderst: Bereite dich vor, sprich bewusst, probiere aus, was zu dir passt.

Und frage dich und einen guten Freund im Publikum

anschließend, was gut geklappt hat und was du noch trainieren musst. Damit du gleich eine Aufgabenstellung für das nächste Mal hast. Freier sprechen heißt freier werden.

6. Wenn der Geduldsfaden reißt
Umgang mit Kritik und Angriffen

Nicht jeder soll dich lieben, »Everybody's darling« willst du gar nicht sein. Und auch ein ständiges »Don't worry, be happy«, die dauerhafte rosa Brille auf der Nase, ist nicht dein Ding. Dennoch strebst du ein Verhältnis zu anderen Menschen an, das von Natürlichkeit, Selbstbewusstsein, Toleranz und Rücksicht geprägt ist.

Da kann es dich auf die Palme bringen, wenn andere dich hindern, in Frieden zu leben. Dort wird gekichert, hier gehänselt, da unter die Gürtellinie geschossen.

Du willst auf keinen Fall Gleiches mit Gleichem vergelten, aber wehren möchtest du dich doch – nur bitte auf faire Weise. Du möchtest spontan mit- und gegenhalten können, weißt aber auch, dass das riskant sein kann, und vor allem: Wem fällt schon immer genau das Richtige ein, wenn er aufgebracht ist?

Sich wehren in Ehren – geht das überhaupt? Wenn du willst: Na klar, du brauchst nur bei der nächsten Gelegenheit anzufangen. Frei nach dem Motto: »Du wirst das werden, was du von dir denkst.«

Eine Klassenkameradin nörgelt an allem,
was ich mache, herum. Wie kann ich mich wehren?
Dauernörgler machen Probleme, vor allem haben sie aber ein Problem, mit anderen, mit der Welt, mit sich – wer weiß.

Vielleicht möchte deine Klassenkameradin dir, der Klasse oder dem Lehrer imponieren: Manche Menschen würden gern größer erscheinen und finden dafür keinen anderen Weg als den, andere klein zu machen. Vielleicht wird sie zu Hause unterdrückt und sieht in der Schule die einzige Chance, endlich einmal groß herauszukommen. Vielleicht hat sie in ihrer Familie gelernt: Nur wer kritisiert, findet Gehör.

Solange du nicht mehr über sie und ihre Hintergründe und Motive weißt, solltest du aufhören herumzuraten – und stattdessen handeln.

Das Mädchen gibt dir ja, neutral betrachtet, Rückmeldungen über das, was du tust, sie kommentiert deine Handlungen.

Es gibt eine einfache Art, Dinge so rückzumelden, dass andere etwas damit anfangen können – ob es um einen Kommentar zu Hausaufgaben geht oder einen mündlichen Vortrag, das Verrichten häuslicher Aufgaben oder den Umgang zwischen Menschen. Man braucht sich nur an die Feedbackregel zu halten und die besteht aus vier Teilen:

1. Sprich von dir, nicht von anderen.
2. Sprich von dem, was du siehst und hörst, verzichte auf Vermutungen und Unterstellungen.
3. Sprich von einem konkreten Geschehen anstatt von »irgendwas«, das »irgendwann einmal« oder »immer« passiert.
4. Gib einen Verbesserungsvorschlag oder sage, was du dir wünschst.

Zur Übung könntest du jetzt überlegen:

1. Was stellst *du* fest, wenn die Klassenkameradin nörgelt?
2. Was *sagt* sie, *wie* sagt sie es?
3. *Wann* und *worüber* hat sie zuletzt gemeckert, wann worüber das Mal davor?
4. Welches Verhalten würdest du dir von ihr *wünschen?*

Theoretisch klang die Feedbackregel ganz simpel, die praktische Umsetzung in die eigene Sprache wird schon schwieriger, vor allem, wenn du persönlich betroffen bist. Jedoch ist diese Übung ausgesprochen heilsam. Zum einen weil sie dir ermöglicht, eine Darstellung für andere nachvollziehbar zu machen. Zum andern weil sie dir hilft, besser zu unterscheiden: Wie viel ist tatsächlich beobachtbar und wie viele eigene Wünsche, Enttäuschungen und Unterstellungen sind bei der Beurteilung am Werk?

> **Fair rückmelden:**
> 1. *Ich*
> 2. *nehme wahr*
> 3. *hier und jetzt*
> 4. *und schlage vor: ...*

Kommen wir nun zu deiner Frage bezüglich deiner Klassenkameradin zurück. Du möchtest sie ja durch deine angemessene Reaktion zu einer Änderung ihres Verhaltens bewegen. Du solltest sie auffordern, sich in ihren

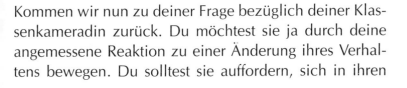

Rückmeldungen der Feedbackregel zu bedienen. Du kannst also die Gute, wenn sie beispielsweise beim nächsten Mal deine Hausaufgabe kritisiert, auffordern:

»Sag mir bitte, was du persönlich (1.) in diesem Abschnitt (3.) gehört hast (2.) und was dich daran stört. Und dann sag mir bitte gleich auch, wie ich es anders machen sollte (4.).«

Jetzt muss sie konkret werden und du hörst ihr genau zu. Vielleicht hat sie Unrecht, dann kannst du ihre Argumentation widerlegen. Vielleicht hat sie Recht, dann weißt du, was du in Zukunft besser machen kannst. Gewonnen hast du in jedem Fall, denn du hast bewiesen, dass du keine Angst vor Rückmeldungen hast.

Dieses Selbstbewusstsein kannst du auch an den Tag legen, indem du ihre Kritik ganz gelassen an die Klasse weitergibst. Anstatt auf ihren nun konkreten Kommentar zu antworten, kannst du die anderen fragen: »Wie steht ihr dazu?« und dir daraus dann ein kompletteres Bild machen. Aber zugegeben: Das ist schon sehr professionell!

Unser Klassenlehrer unterbricht uns ständig mit fiesen Fragen.

Um auf die Feedbackregel zurückzukommen: Was sagt euer Lehrer wann zu wem und wie? Und was wünscht ihr euch von ihm?

Natürlich gibt es auch unter Lehrern Menschen, die andere nicht ausreden lassen, weil sie immer etwas besser wissen. Und solche, denen nichts gut genug ist. Und sol-

che, denen es Freude macht, andere durch ihre Fragen aus dem Takt zu bringen – oder die nicht einmal merken, dass sie das tun. Es gibt aber überall auch Leute, die es gut meinen und nicht merken, dass ihr guter Wille bei anderen gar nicht ankommt.

Hast du Lust auf ein gedankliches Spiel? Was könnte an den Fragen des Lehrers dran sein? Suchen wir einmal miteinander ein paar für dich positive Auswirkungen. Mir fällt da spontan ein:

- *Du kannst in seinen Fragen Hinweise auf richtige Inhalte finden.*
- *Du kannst deine weiteren Ausführungen gemäß seinen Fragen korrigieren.*
- *Du bleibst nicht minutenlang auf dem Holzweg.*
- *Du weißt, woran du bist, und sitzt nicht dem Irrtum auf, alles sei wunderbar gelaufen.*
- *Während er fragt, gewinnst du Zeit.*
- *Während dieser Zeit kannst du überlegen.*
- *Du kannst deine Aufregung verringern.*
- *Klassenkameraden können dir kurze Antworten besser vorsagen als lange.*

Keine Sorge, ich will dich nicht davon überzeugen, dass du deinem Lehrer ewig danken sollst für seine Unterbrechungen. Mein Ziel ist, dir (wieder einmal!) vor Augen zu führen, wie stark deine Deutung eines Sachverhalts dessen Wirkung auf dich beeinflusst. Du bist für deine Gedanken verantwortlich, nimm die Verantwortung an. Es geht hier nicht um die rosa Brille. Es geht darum, dass du lernen kannst, Dinge so zu sehen, wie sie über deine

bisherige Sichtweise hinaus betrachtet werden könnten. Damit du beweglicher wirst in deinem Denken und dadurch mehr Möglichkeiten in deinem Sprechen und in deinem Handeln hast und nicht in den Fußangeln negativer Gefühle hängenbleibst. Hast du Lust, das Umdenken ein wenig zu üben?

Übung

> ### *Flexibler denken:*
> *1. Suche in deinem Gedächtnis eine Klassenkameradin oder einen Verwandten, der Dinge tut, die du absolut nicht leiden kannst. Finde drei Aspekte an diesem Verhalten, die für die Klasse, für die Familie oder sogar für dich positiv sind.*
> *2. Denke an einen Menschen, der dir von seinem ganzen Wesen her unsympathisch ist. Suche – nein – finde mindestens drei positive Wesenszüge an ihm. Das Ergebnis deiner Suche muss ja nicht unbedingt in eine Liebeserklärung münden.*

Eines allerdings will ich dir an dieser Stelle nicht vorenthalten: Umdenken ist anstrengend, denn mit seinen eigenen Vorurteilen lebt es sich bequemer, als wenn man seine Urteile ständig mit neuen Erlebnissen und Eindrücken abgleicht.

Bei allem Denken wollen wir aber auch das Handeln nicht vergessen: Was hindert dich daran, auch deinem Lehrer sein Verhalten zurückzumelden?

»Sie unterbrechen mich jetzt zum zweiten Mal. Das bringt mich ganz durcheinander.«

Hast du Angst, das zu sagen? Was fürchtest du denn? Dass die Klasse dich im Stich lässt? Dass er dich für deine Offenheit bestraft? In beiden Fällen ist wahrscheinlich die Zeit für ein Gespräch gekommen, in dem ihr euer Verhalten untereinander und zu den Lehrern thematisiert. Denn das Risiko, den Mund aufzumachen, ist garantiert kleiner als das, ständig in Angst zu leben.

Gibt es ein einfaches Allheilmittel, um cool zu bleiben?
Wenn du unter »cool bleiben« verstehst, dass du dich nicht über jede Kleinigkeit aufregst, gibt es ein Mittel. Es ist aber kein Allheilmittel und auch erst dann einfach, wenn du seine Anwendung geübt hast. Hier ist es.
Dass Entspannung ein wirksamer Schutzschild gegen Ärger und sogar gegen Angst ist, hast du wohl schon einmal gehört. Vielleicht hast du es ja schon mit Autogenem Training oder Hatha Yoga am eigenen Leib erfahren. Die hier vorgestellte Entspannungsmethode beruht auf dem Prinzip, dass dein Entspannungsempfinden im direkten Gegensatz zu einem Gefühl der Anspannung besonders groß ist.

Entspannen:
Mit System an-spannen und ent-spannen.

Findest du diesen Gedanken spannend? Dann mach gleich mit bei einer Übung zur Progressiven Muskelrelaxation – so heißt das fortschreitende Entspannen der Muskulatur im Fachjargon.

Übung

Setze dich bequem auf deinen Stuhl, *gerade und symmetrisch, beide Füße haben Bodenkontakt. Deine Augen sind offen oder geschlossen, wie du möchtest. Eine Brille nimmst du der Bequemlichkeit halber ab, enge Kleidungsstücke öffnest du vielleicht.*

Konzentriere dich nun auf deine rechte Hand, balle sie zur Faust, so fest es geht. *Spürst du, wie die Muskeln sich zusammenziehen? Dann lass jetzt los. Spürst du jetzt den Unterschied zwischen der Anspannung vorhin und der Entspannung in diesem Augenblick?*

*Spanne nun den rechten Unterarm an und entspanne ihn wieder. Das Gleiche tust du mit dem Oberarm, **bis in die Schulterpartie hinein**.*

*Gehe nun mit **der linken Hand, dem linken Arm** genauso vor, dann mit **dem rechten Fuß** – bis hinauf zum Oberschenkel, nun mit dem **linken**. Spanne anschließend nacheinander deine **Gesäß-, Rücken- und Nackenmuskulatur** an, dann **Bauch, Oberkörper und zuletzt das Gesicht**. Beiß dabei **die Zähne fest zusammen**. Lasse dann wieder locker.*

Fühlst du dich jetzt entspannter als zuvor? *Dann genieße dieses Gefühl und träume noch ein wenig vor dich hin. Dann besinnst du dich wieder darauf, dass du eine Übung gemacht hast, setzt dich wieder hin wie zuvor, reckst dich ein wenig, richtest deine Kleidung –* **und bist wieder ganz da.**

Wenn diese Übung dir auf Dauer nutzen soll, müsstest du sie in nächster Zeit jeden Tag machen. Leichter geht sie natürlich, wenn jemand dir die Anleitungen vorliest oder wenn du sie dir mit dem Kassettenrekorder aufnimmst und nach Belieben anhörst. Langsam sprechen nicht vergessen! Aber so schwer ist sie nun auch wieder nicht zu lernen. Jedenfalls bekommst du durch die Regelmäßigkeit Übung darin, sogar auf dem Schulweg im Bus oder (psst!) in der Pause auf dem WC deine Muskulatur und damit dein Gehirn von Anspannung zu Entspannung zu lenken. Du weißt ja: Was zur Gewohnheit werden soll, muss man sechs Wochen lang regelmäßig machen. Wenn du dann »im richtigen Leben« eine heikle Aufgabe vor dir hast, kannst du auf Kommando allen Druck, den die Aufregung dir macht, in deiner Muskulatur sammeln, deinen Körper an-spannen, die Zähne zusammen beißen – und die Anspannung mit einer kurzen Bewegung weit von dir weg schleudern. Bezweifelst du, dass das geht? Gib dir eine Chance, probiere es wenigstens mal aus!

Die Zusammenfassung des Verfahrens kannst du auf einem Merkzettel an gut sichtbarer Stelle platzieren:

> **Muskeln an- und ent-spannen:**
> *Erst anspannen, dann loslassen – von den Händen aus zum Körper hin, im Gesicht aufhören. Im Entspannungszustand verweilen. Wieder zum Alltag zurückkehren. Im Schnellverfahren: Anspannung sammeln, spüren, wegwerfen.*

131

Was kann ich tun, wenn jemand mich unfair angreift?

Bei aller Flexibilität des Denkens und Handelns kann es tatsächlich sein, dass jemand es darauf angelegt hat, dich aufs Glatteis zu führen. Dann ist es nicht damit getan, ihm bzw. ihr mildernde Umstände wie guten Willen oder persönliche Probleme zu unterstellen. Da gilt es, sich elegant eine starke Position zu erarbeiten. Feedbackregel und Entspannungsübungen sind die Grundlagen, für Fortgeschrittene geht es hier weiter.

Ich bleibe wieder bei einem Beispiel:

Du trägst ein Referat vor, der Lehrer hat schon mehrfach beifällig genickt, die Klasse lauscht andächtig und beeindruckt, ein Klassenkamerad gönnt dir das Lob, die gute Note, den Beifall nicht, er stört dich erst durch Unruhe, die du geflissentlich übersiehst, dann durch abfällige Bemerkungen. Anstatt durchzudrehen kannst du ...

- ihn unterbrechen und darauf hinweisen, dass du dein Referat ungestört bis zum Ende halten willst: »*Wenn du Einwände hast, schreib sie dir auf, wir sprechen darüber, wenn ich fertig bin.*«

- falsche Einwände sofort in wenigen Worten entkräften: »*Nein, Paris hat <u>nicht</u> acht Millionen Einwohner*« und in deinem Referat fortfahren.

- dir das Einverständnis der Klasse hierfür holen: »*Es ist für euch bestimmt o.k., wenn ich im Zusammenhang spreche und wir erst anschließend diskutieren.*«

- zu erwartende Einwände vorwegnehmen: »*Lars, du wirst jetzt gleich sagen, die Badische Revolution hätte in Frankfurt angefangen, wo du geboren bist. Das ist*

falsch.« Hierbei musst du allerdings aufpassen, dass du ihn nicht lächerlich machst, denn das wäre nun deinerseits nicht fair und könnte die Klasse gegen dich aufbringen.

• seine Körpersprache spiegeln. Mit großer Wahrscheinlichkeit macht sich ein aggressiver Besserwisser groß und breit und versucht, die Entfernung zu dir bedrohlich zu verringern: Er sitzt oder steht breitbeinig, um Raum zu gewinnen, beugt sich vor zu dir, fuchtelt mit dem Zeigefinger, um dich zu belehren, zu ermahnen oder ihn in dich hineinzubohren. Er spricht schnell und laut und mit höherer Stimme als sonst. Das alles kannst du auch. Du kannst also bei unfairen Angriffen dich aufrichten, durchatmen und mit ausgestreckter Hand auf den Angreifer zugehen, statt ihm auszuweichen.

• lauter und langsamer sprechen, statt vor dich hin zu piepsen; du kannst aber auch demonstrativ leiser, langsamer und deutlicher sprechen, um die Aufmerksamkeit zu erhöhen: Man muss dir lauschen, um deine gewichtigen Worte zu erhaschen!

• dich vor ihn hinstellen, dann bestimmst du die Entfernung und er muss sitzend zu dir hochschauen.

Unfair, das alles? Ja – wenn du eine Kommunikation mit diesen Methoden beginnst. Wenn du sie aber in der Reaktion, als Antwort auf das Verhalten eines Angreifers einsetzt, fallen sie unter die Rubrik »das Verhalten des andern spiegeln, um an ihn heranzukommen« und sind als Überlebensstrategien durchaus annehmbar.

Denkst du gerade: »Man muss aber ganz schön selbstbewusst sein, um so seinen Mann zu stehen«? Dann gebe ich dir gern Recht. Und ich füge hinzu: Sich hinstellen und sich auf faire Weise wehren erhöht das Selbstbewusstsein ganz enorm und führt zu Respekt seitens der andern.

> **Gegen unfaire Angreifer:**
> *Grenzen setzen durch eine deutliche, klare Sprache und eine starke Körpersprache.*
> *Selbstbewusstsein kann die Voraussetzung für starkes Auftreten sein. Es ist auf jeden Fall die Folge davon.*

Bevor du loslegst, kannst du dir noch ein wenig Unterstützung holen. Beobachte einmal in politischen Sendungen, wie Erwachsene bei der Abwehr von Angriffen Haltung bewahren. Vielleicht entdeckst du die eine oder andere der oben genannten Strategien wieder. Vielleicht findest du ein paar neue. Wenn du dich auf die Körpersprache konzentrieren willst, von der man schließlich sagt, dass sie mindestens achtzig Prozent unserer Entscheidungen bestimmt, schaltest du den Ton ab: Dann kannst du besonders gut analyisieren, wer sich stark verhält und wer nicht.

Meine Klassenkameraden lachen mich aus.
Muss ich mir das gefallen lassen?

Es kommt in den besten Klassenverbänden vor: Die einen haben das Sagen, die anderen keine Meinung. Manchmal üben Schüler, denen die guten Noten nur so zufliegen, auf die anderen Druck aus: »*Wohl zu blöd, was?*«. Dafür ist in anderen Klassengemeinschaften eher »in«, wer sich den Lehrern gegenüber besonders »cool«, das heißt dort dann »aufsässig« benimmt: Da gibt's dann tüchtig Applaus auf dem Pausenhof. Anderswo ist angesehen, wer mit überdurchschnittlichem Zigaretten- oder Alkoholkonsum auftrumpfen kann. In wieder anderen Klassen finden sich Cliquen nach den Etiketten zusammen, die ihre Kleidung schmücken: Wer das »richtige Label« hat, gehört dazu, wer nicht – nun, der eben nicht. Und ausgeschlossen zu sein ist für niemanden angenehm, Hänseleien können das Leben zur Hölle machen. Heute ist in diesem Zusammenhang häufig von Mobbing die Rede. Mobbing heißt, klar definiert: Schikane, dauerhaft, gezielt und mit unterschiedlichen Mitteln ausgeübt. Ein Aprilscherz ist kein Mobbing-Fall – wenn er sich auf den 1. April beschränkt und eine größere Anzahl Mitschüler betrifft. Sich auf dem Hof von immer der gleichen Person abwenden, kichern, wenn diese sich zu Wort meldet, beim Lehrer anschwärzen, sie hänseln, mit Telefonterror eindecken – und das auf Dauer, das kann Mobbing sein.

Die Erforschung des Mobbing beschäftigt noch die Wissenschaftler. So viel scheint jetzt schon klar:

> **Mobbing:**
> *Mobbing findet da statt, wo es möglich ist, es wird umso stärker, je erfolgreicher es ist.*
> *Es gedeiht am besten im Verborgenen.*

Wenn du merkst, dass die Hänseleien System haben, solltest du ...

- wissen, dass du wie jeder andere das Recht auf fairen Umgang hast.
- dir vor Augen führen, dass die Hänseleien mit dir wenig zu tun haben, mit denen, die es umsetzen, schon viel mehr: Sie bekommen Zusammenhalt in ihrer Clique, weil sie sich geschlossen von anderen Gruppen und von Einzelnen abgrenzen können.
- schnellstmöglich mit einer Person deines Vertrauens über deinen Leidensweg reden: mit einem Mitschüler, einem Lehrer.
- also das Mobbing öffentlich machen, damit der Mobber seine Grenzen sieht.

Kann ich als Einzelner gegen Mobbing etwas tun?

Du kannst immer etwas tun und je früher du damit anfängst, desto eher verhinderst du Schlimmeres. Denn schweigend zuschauen heißt billigen, das verstärkt Mobbing, und wer gemobbt wird, wird mittel- bis langfristig krank. Vielleicht läuft in eurer Klasse soeben ein Härtetest, in dem jeder das nächste Opfer sein kann, auch du. Und gerade du kannst helfen, die Kampagne

öffentlich zu machen und damit den Mobbern das Handwerk zu legen. Es soll ja sogar schon »Täter« gegeben haben, die gar nicht wussten, was sie taten. Gerade du kannst aktiv werden, weil du sensibel genug bist, um überhaupt zu bemerken, dass bei euch gemobbt wird.

Vielleicht hast du dich aber sogar selbst aktiv in eine Mobbing-Kampagne hineinziehen lassen. Dann frage dich mal bitte:

- Kannst du die Folgen deines (Nicht-) Handelns tatsächlich mit deinem Gewissen vereinbaren?
- Was hast du davon? Wem willst du imponieren? Wie könntest du das auf fairere Weise erreichen?
- Wer ist das nächste Opfer? Vielleicht du? Oder bist du es nicht schon längst – siehe oben?

Am besten sprichst du bald einmal mit einem Freund darüber.

Meine Freundinnen sagen immer, ich wäre zu dick, dabei esse ich gar nicht viel.

Es ist heutzutage schick, gertenschlank zu sein, und diesem Terror der Mode, der Werbung und des allgemeinen Geschmacks ist schwerer zu entkommen als einer konkreten Mobbing-Kampagne. Dick, dünn, viel, wenig – alles ist relativ. Daher könntest du, wenn du dir nicht sicher bist, ob deine Freundinnen Recht haben oder nicht, einmal zum Arzt gehen und das Thema mit ihm besprechen. Vielleicht bist du ja tatsächlich unter medizinischen Gesichtspunkten übergewichtig. Der Arzt wird untersuchen, ob du gesund bist und dich bitten, aufzu-

listen, was du isst. Dann werdet ihr miteinander sehen, ob das so »wenig« ist, wie du denkst. Wenn ja, wird er weitere Untersuchungen durchführen. Wenn nein, erstellt er mit dir einen Diätplan, der dir hilft, regelmäßig und bewusst zu essen, und der dabei auf deine Vorlieben und deinen Tagesablauf Rücksicht nimmt.

Keinesfalls solltest du, ob du nun übergewichtig bist oder nicht, von dir aus eine x-beliebige Diät anfangen, wild drauflos hungern oder bei Heißhunger maßlos essen und anschließend alles wieder ausspucken. Ganz davon abgesehen, dass du dadurch ein Ungleichgewicht von Flüssigkeit, Mineralien und Spurenelementen in deinem Körper erzeugst und somit deine körperliche Gesundheit gefährdest, würdest du dich durch diese übermäßige Konzentration auf das Thema Essen auch seelisch in eine verzweifelte Lage bringen.

Solltest du jetzt schon in diesem unguten Zustand gefangen sein – geh bitte zum Arzt oder zu einer Ärztin. Mädchen sind von Essstörungen eher betroffen als Jungen, und von Frau zu Frau redet es sich über persönliche Themen leichter. Wenn dir das lieber ist, kannst du auch zu einer psychologischen Beratungsstelle gehen oder in ein Mädchenzentrum. Wenn du schon Menschen kennst, die dort hingehen oder dort arbeiten, fällt dir die Wahl des richtigen Orts sicherlich leichter.

Bei Ess- und Hunger-Problemen:
Immer mit fachkundigen Erwachsenen reden.

Wenn du vom Ess- und / oder Fastenzwang nicht selbst betroffen bist, aber in deinem Umfeld jemanden beobachtest, der Schwierigkeiten damit hat: Sprich sie (oder ihn) freundschaftlich an. Sie wird dir wohl nicht begeistert um den Hals fallen, aber auf lange Sicht wird sie dir dankbar sein, dass du den Anstoß gegeben hast, einen Ausweg aus ihrer Ess- und Hunger-Falle zu finden.

Ich wäre so gern schlagfertig.
Wenn jemand dich überrumpelt, bleibt dir meist die Spucke weg, und du fragst dich, was du wohl falsch machst. Wahrscheinlich gar nichts, dein Irrtum besteht eher darin, dass du krampfhaft versuchst, »alles richtig« zu machen, einschließlich geistreiche Antworten an der genau richtigen Stelle zu geben. Verkrampfung verschließt Bahnen im Gehirn und dabei sollten sie doch geöffnet werden. Aber was ist überhaupt »schlagfertig«? Frechheiten sind es nicht, unverschämte Bemerkungen noch weniger. »Schlagfertig« ist eine schnelle, Schlag auf Schlag gegebene Antwort, die mit der Aussage deines Gesprächspartners so spielerisch umgeht, dass der und andere denken: Hut ab!
Weil eine schlagfertige Reaktion immer auf ein sprachliches Angebot bezogen ist, wäre es unsinnig, Mustersätze auswendig zu lernen und diese aufs Geratewohl »abzusondern«. Erlernbar ist Schlagfertigkeit dennoch, denn du kannst dein Bewusstsein für Sprache, für die Angebote also, und deine Reaktionsgeschwindigkeit gleichermaßen trainieren.

Lies, was dir zwischen die Finger kommt, geh in Büchereien, lass dir von belesenen Gleichaltrigen Tipps zu spannender Literatur geben, schmökere in den alten Klassikern und anderen »großen« Schriftstellern. Die widmen nämlich der Sprache mehr Aufmerksamkeit, als Krimi- und Science Fiction-Autoren das tun. Hier kannst du lernen, mit Wörtern zu spielen. Denn genau das ist ja dein Thema.

Darüber hinaus kannst du Stilblüten und Witze sammeln, um zu untersuchen, wie kreativ andere mit Sprache umgehen. Ein Beispiel:

Der Vater: *Ich habe für meinen Sohn ein gebrauchtes Fahrrad bekommen.*

Der Nachbar: *Wie bitte? Mehr war er nicht wert?*

Dabei stellst du fest, dass es bei schlagfertigen und witzigen Antworten hauptsächlich darum geht, die Mehrdeutigkeit von Wörtern so zu nutzen, dass ein neuer inhaltlicher Zusammenhang entsteht. Der wiederum zwingt das Gegenüber, sich zu fragen, wie du denn auf diese Antwort kommst. Du hast dadurch Zeit nachzudenken, auf welcher Schiene das Gespräch weitergehen soll, du hast das Heft in der Hand.

Die schlagfertigen, geistreichen, spielerischen Aussagen, die dir bei deiner Suche begegnen, kannst du in einer Kartei sammeln. Die hast du dann zwar nicht jedes Mal parat, wenn du einen flotten Spruch gut gebrauchen könntest. Aber wenn du die Sprüche von eigener Hand aufschreibst und sie immer wieder einmal durchschaust, sind dir die Muster des Umformulierens gegenwärtig.

Wenn du einen Spruch nur einmal liest und bewunderst, sind sie es nicht.

In diese Kartei kannst du auch noch einfügen, was du bei der **Lehnstuhl-Technik** herausarbeitest. Die hat ihren Namen von der Entspannung, die das Sitzen im Lehnstuhl mit sich bringt. Du weißt – spätestens, seit du dieses Buch liest: Im entspannten Zustand kommen die besten Ideen, und du hast das hoffentlich schon erfolgreich ausprobiert. Setz oder leg dich gemütlich auf dein Lieblingsplätzchen und notiere alle Sprüche, die dir in den Sinn kommen, nachdem du einen Witz gelesen hast. Oder die dir einfallen, wenn du dran denkst, was du sagen könntest, wenn dir dies und jenes eines Tages widerfahren würde.

Ebenfalls für diese Kartei geeignet: deine **Hätte-ich-doch-Sätze**. Denn das hast du bestimmt schon am eigenen Leib erfahren: Nach einer Situation, in der du dastandest wie ein begossener Pudel, kommen dir die tollsten Ideen für Äußerungen, die dich hätten gut dastehen lassen: ach, hätte ich doch ...

Beim wiederholten Durchblättern der Kartei setzt sich dieses sprachliche Wissen in deinem Gedächtnis fest, ganz davon abgesehen, dass du zukünftig viel aufmerksamer mit Sprache umgehst. Und das ist ja wiederum ein Gewinn, der sich in deiner generellen Formulierungskunst auszahlt.

Dass schlagfertige Antworten immer mit einer starken Körpersprache, einer festen Stimme und einer klaren Aussprache einhergehen, hast du bestimmt schon beob-

achten können. Wie du die trainierst, findest du in Kapiteln 1, 2 und 5.

Vielen Menschen erscheint Schlagfertigkeit als gefährliches Instrument. Sie haben natürlich Recht: Es ist riskant, Menschen die Stirn zu bieten, stark aufzutreten, es kann unangenehm werden, wenn man aus bitterernsten Gesprächen in ein Sprachspiel überspringt. Aber ist es nicht noch viel problematischer, ständig den Mund zu halten und den dadurch entstehenden Ärger in sich hineinzufressen? Du brauchst mit deinen Sprach-Spielereien ja nicht unbedingt anzufangen, wenn dein Vater dich tadelt, weil du schon wieder den Mülleimer nicht weggetragen hast. Es wäre schon sinnvoll, dass du dich fragst: Passt der Spaß hier oder passt er nicht?

Er passt am besten bei Menschen, von denen du nicht auf Gedeih und Verderb abhängig bist, und bei solchen, die dir das Wasser reichen, die sich also wehren können. Er passt öfter, als du denkst.

Und wenn du dich mal vergaloppiert und dir den Mund verbrannt hast, bittest du um Entschuldigung. Dabei bricht dir kein Zacken aus der Krone. Du lernst dabei vielmehr einiges über die andern und viel über dich.

Schlagfertig sein:

Benütze die Worte des Gegenübers als Sprungbrett und wirf den anderen aus seinem Denkmuster heraus.

Sammle flotte Sprüche – die von anderen und die eigenen.

7. Liebes Rathaus
Ansprechend Briefe schreiben

Während einer langweiligen Schulstunde ein Blatt aus dem Matheheft herausreißen, mit Filzstift ein paar Zeilen draufknallen, das Ganze zu Hause in einen angeknitterten Umschlag schieben, Briefmarke drauf, schnell, schnell, ab geht die Post!

Schreibst du deine Briefe so? Das mag manchmal ganz »originell« sein, zum Beispiel unter Jugendlichen. Aber bedenke einmal, wie es auf dich wirkt, wenn du als Empfänger ein verknautschtes, liebloses Papierstück vor dir liegen hast. Das musste schnell gehen, denkst du vielleicht, oder: Was für ein Chaot, oder, schlimmer: Besonders viel Mühe hat man sich für mich da nicht gemacht.

Ob du Julia zum Geburtstag gratulierst, ob du Oma Erna für das Konfirmationsgeschenk dankst oder ob du ein Probeexemplar von einer Zeitschrift anforderst – immer ist ein Brief deine Visitenkarte. Immer zieht der Leser Rückschlüsse auf dich und auch auf deine Bereitschaft, für ihn Zeit und Gedanken zu investieren.

Wenn du also halbwegs sicherstellen möchtest, dass der Empfänger deiner Post gern anfängt sie zu lesen, besorge dir einen Briefblock ohne Linien und ohne Karos, aber mit einem Linien-Unterblatt, das dir ermöglicht, gerade Zeilen zu halten. Trenne die Blätter sorgfältig vom Block ab, sodass weder Risse entstehen noch Leim am Blatt

haftet. Denke nach, bevor du schreibst, schreibe wichtige Briefe oder Bewerbungen auf einem Schmierblatt vor. Schreib, wenn es eben geht, mit einem Federhalter, niemals mit einem schmierenden alten Kugelschreiber oder mit Blei- und Filzstift. Lies deinen Brief vor dem Absenden noch einmal durch – und zwar so, als wenn du selbst der Leser wärest: Ist alles klar und verständlich oder fehlt da noch etwas? Das kostet Zeit, ist aber eine Investition, die sich lohnt.

Wie schreibe ich einen offiziellen Brief?
Du willst dich im Vorfeld deiner Bewerbung über ein Unternehmen oder eine Branche informieren, du willst bei einer Bundeszentrale oder einem Verband Informationsblätter für ein Referat bestellen, du willst dem Bürgermeister deine Ansichten über die Jugendpolitik der Stadt mitteilen? Dann schreibst du an Menschen, die viel Post bekommen und vergleichen. Du willst von ihnen mit deinem Anliegen ernst genommen werden? Dann solltest du ein paar Spielregeln berücksichtigen.

Die **Anschrift** enthält
• Anrede: Herrn / Frau
• Titel – Vorname – Name
• Straße oder Postfach – Nummer
• Leerzeile
• Postleitzahl – Ort
und bei **Firmen:**
• nicht das Wort »Firma«, nicht die Abkürzung »z.Hd.«

für »zu Händen« einer bestimmen Person; »*Buchver-sand Zitzenhubel – Herrn Lothar Seite*« reicht.
- Wenn die Person an erster Stelle steht, gilt die Post ausschließlich ihr: »*Herrn Bürgermeister Gerd Fleißig – Stadtverwaltung*« ist persönlich.

Wenn du deine »amtliche« Post mit dem Computer schreibst, passen alle diese Angaben in den Sichtteil eines Fensterbriefumschlags, wenn du dich an die obigen Regeln hältst. Dein Brief wirkt sachlicher, offizieller und kompetenter als von Hand geschrieben. Wirtschaftlich gedacht ersparst du dir, die Anschrift auf dem Umschlag noch einmal schreiben zu müssen. Denn auch dies ist ein Kennzeichen offzieller Post: dass der Adressat sowohl deinen Absender als auch die Anschrift auf deinem Briefbogen wieder findet – für den Fall, dass der Umschlag schon im Papierkorb gelandet ist.
Bei Geschäftspost siehst du manchmal vor der Anrede noch eine Zeile, die wie eine Überschrift beim Schulaufsatz wirkt, die so genannte Betreff-Zeile. Die kann, muss heute aber nicht mehr sein.

Die **schriftliche Anrede** ...
- muss hundertprozentig stimmen – erkundige dich rechtzeitig nach Titeln und Schreibweise von Namen. Manche Menschen reagieren allergisch, wenn ihr Name entstellt wird, und du hättest mit einem Fehler gleich eine Chance vertan.
- lautet zumeist immer noch »*Sehr geehrte Frau .. / Sehr*

geehrter Herr .. «, bzw. »*Sehr geehrte Damen und Herren*«, wenn du keinen Ansprechpartner hast.
- heißt immer häufiger schlicht: »*Guten Tag, Frau Huber*« oder »*Liebe Frau Huber*«.

Der Text ...

... sollte klarmachen, was wer wann wo wie tun soll, damit der Zweck deines Brief erfüllt ist:

Bitte senden Sie mir in den nächsten Tagen ein kostenloses Probeexemplar der Zeitschrift »Du, ich und die Welt« zu.

Erspare dem Adressaten bei Anfragen seitenlange Begründungen, bei Bitten reicht ein stichhaltiges Argument:

Ich bin Redakteur der Schülerzeitung »Pass auf!« und arbeite an einem Beitrag über Freizeitgestaltung in unserer Region. Bitte teilen Sie mir möglichst im Lauf dieser Woche die entsprechenden Angebote der Stadt Remscheid mit.

Wenn du mit einem Computer arbeitest, kannst du durch die Seitengestaltung, das richtige Layout, deinen Brief lesbar und daher ansprechend machen. Denn vergiss bitte nicht: Der erste Eindruck zählt, und der erste Eindruck ist ganzheitlich. Das heißt für dich:
- schmale Zeilen sind übersichtlicher als voll gepackte lange Zeilen
- kleine Buchstaben, *Kursiv-Schrift* und Klammern (so wie diese hier) unterbrechen den Lesefluss

Für deinen **Schreibstil** gilt alles, was in den vorigen Kapiteln über Formulierungen bereits gesagt wurde. Außerdem sollte zumindest dein Rechtschreib-Duden, vielleicht sogar ein Grammatik- und ein Fremdwörterlexikon einen festen Platz auf deinem Schreibtisch haben. Denn wenn deine Texte überzeugen wollen, müssen sie orthographisch absolut korrekt sein. Hat deine Software nicht sogar ein Rechtschreibprogramm?

Die Schlussformel
Wie dein Schulaufsatz benötigt auch ein Brief einen Schluss, gemäß dem Grundsatz: »Der erste Eindruck zählt, der letzte bleibt«.

- *In Erwartung Ihrer Antwort verbleibe ich mit freundlichen Grüßen* ist zwar üblich, aber sehr formell.
- *Mit Dank und freundlichen Grüßen* ist die gängige Variante.
- *Viele Grüße nach Leipzig – und herzlichen Dank im Voraus* liest sich flotter.

Gezielte Tipps für das Verfassen deiner Bewerbungsunterlagen findest du in einer Reihe von Büchern, von denen dir dein Buchhändler individuell das passende empfiehlt.

E-mail
Fixer geht alles per E-mail und die individuelle Note geht dabei genauso fix den Bach hinunter. Dabei erhöht

doch gerade dein persönlicher Fingerabdruck die Wahrscheinlichkeit, dass du einen guten Eindruck hinterlässt. Verzichte daher auch dort nicht auf persönliche Anreden und Schlussformeln.

Wie gratuliere ich richtig?

Eine Gratulation ist eine persönliche Angelegenheit, das heißt nicht, dass alle Grundregeln der offiziellen Korrespondenz unter den Tisch fallen. Sauber, lesbar und ansprechend sollte auch deine Glückwunschpost sein, nur kann sie kreativer und individueller und mit möglichst vielen handschriftlichen Zeilen gestaltet sein.

Du kannst dich, je nach Geschmack, Geldbeutel und kreativen Fertigkeiten, zwischen einer Glückwunschkarte und einem nüchternen bzw. mit künstlerischen Elementen ausgeschmückten Briefbogen entscheiden. Auch in oder auf eine vorgedruckte Karte gehört ein Text, deine bloße Unterschrift reicht nicht. Hierbei solltest du Vorsicht walten lassen: Der Platz auf der Karte ist begrenzt, überlege dir, bevor du zu schreiben beginnst, wie viel Raum deine Worte benötigen; wenn du in den Rand oder auf die Rückseite schreiben musst, ist die schöne Karte schnell verdorben.

Ob du deinem Cousin zum bestandenen Abitur gratulierst oder Onkel Hermann zum 85. Geburtstag – da gibt es beim Text nun Unterschiede, die einen Unterschied machen.

Dein Cousin freut sich möglicherweise über Zeilen wie:

Jetzt hast du es geschafft, du altes Haus.
Ich finde es spitzenmäßig, dass du die Schulzeit
ohne Ehrenrunde hinter dich gebracht hast.
Lieber Tobias,
ich gratuliere dir daher zu deinem Abi und wünsche
dir beim Zivildienst Abwechslung von der Schule
und klasse Erfahrungen.
Mach's gut,
auf bald
dein Jonas

Jetzt stell dir einmal vor, du würdest diese Ausdrucksweise auf die Gratulation zu Onkel Hermanns Fünfundachtzigstem übertragen: *Jetzt hast du es geschafft, du altes Haus ...* Das kannst du ihm und dir selbst nicht antun. Aber auch Onkel Hermann freut sich mehr über persönliche Formulierungen als über Floskeln nach dem Muster »*Zu deinem Wiegenfeste nur das Allerbeste*«. Ihm gefiele wahrscheinlich besser:

zum 17. November 1999

Lieber Onkel Hermann,
du wirst heute 85 Jahre alt, bist immer guter Dinge
und topfit. Ich bewundere das und habe das Gefühl,
mit meinen 15 bin ich längst nicht immer so in Form
wie du.
Ich gratuliere dir zu deinem Geburtstag ganz
herzlich. Und bitte: Bleib, wie du bist.
Dein Jonas

> **Persönlich schreiben:**
> *Überlege dir, welche Sprache dein Adressat spricht, versteht und schätzt.*
> *Schreibe, wie du sprichst: persönlich, natürlich, ohne Umschweife.*

Muss ich mich für alles schriftlich bedanken?

Hat eine Klassenkameradin dir während deiner Grippe täglich telefonisch die Hausaufgaben durchgegeben, reicht nach deiner Rückkehr in die Schule ein mündliches Dankeschön, wenn auch ein kleines Geschenk nicht schaden kann. Auf die mündliche Einladung zu einer Party antwortest du mündlich: »*Ja, gern*« oder »*An dem Abend bin ich leider vergeben*«, und dein Dank nach der Party kann mündlich erfolgen.

Für ein Geschenk dagegen ist für Erwachsene wie für Jugendliche ein schriftliches Dankeschön angebracht. Ob die Oma mit einem Hunderter zu deiner Inline-Ausrüstung beigetragen, die Nachbarin zur Konfirmation einen Federhalter gebracht oder Tante Karin zum Geburtstag ein Päckchen geschickt hat: Dank muss sein.

> **Sich bedanken:**
> *Je offizieller der Anlass, je höher der Betrag, je entfernter der Schenkende, desto eher ist ein Dankesbrief fällig.*

Zwar gibt es auch für ein einfaches »Danke« eine genügend große Auswahl an Karten, doch befreit dich auch der Vordruck nicht von der Aufgabe, deine persönlichen Anmerkungen zu machen. Es geht nicht um einen Roman, sondern um den Ausdruck deiner Freude über das Geschenk.

Liebe Karin,
diese Überraschung ist dir gelungen!
Ich hatte gar keine Ahnung, dass du mein Geburtstagsdatum noch weißt.
Und da kam dein Päckchen mit den Comics: spitze!
Ich habe drei gleich am ersten Abend gelesen –
sie sind einsame Klasse und auch meine Freundin
wird ihren Spaß daran haben.
Ganz, ganz herzlichen Dank dafür.
Deine Susi

Beim Dank an die dir weniger vertraute Nachbarin für das Konfirmationsgeschenk ist mehr Distanz angesagt:

Liebe Frau Gerstner,
dass Sie an meine Konfirmation gedacht haben, hat
mich sehr gefreut. Und der Federhalter, den Sie für
mich ausgesucht haben, passt genau zu meinen
anderen Schreibtisch-Utensilien. Er gefällt mir sehr
und ich schreibe alle meine Dankesbriefe damit.
Herzlichen Dank an Sie und Ihren Mann.
Ihr Maik Sommer

Auch hier gilt: Erinnere dich daran, wie du dich freutest, als du einmal ein schriftliches »Danke« bekamst. Oder ist dir das noch nie passiert? Dann wird es Zeit, dass du mit gutem Beispiel vorangehst. Übrigens: Alle Dankschreiben sollten spätestens zehn Tage nach Erhalt des Geschenkes auf die Post.

Wie reagiere ich auf ein Geschenk, das mir nicht gefällt?

Der Schenkende hat sich Gedanken gemacht, um dir eine Freude zu bereiten, das ist ihm nicht gelungen. Das T-Shirt ist zu groß, das Buch langweilig, der Armreif kitschig. Dennoch könntest du dich – trotz deiner Enttäuschung und so schwer das auch ist – darüber freuen, dass er sich überhaupt bemüht hat, für dich etwas zu tun. Dann findest du sicher auch einen – kleinen – Aspekt, den du in deinem Dankeschönbrief als positiv herausheben kannst.

Liebe Tante Hildegard,
ich fand es ganz toll, dass du meinen Geburtstag
nicht vergessen hast. Und dann hast du auch noch
ein T-Shirt für mich ausgesucht. Die Farben gefallen
mir wirklich gut: Danke!
Deine Lena

Dass du das Teil nur zum Kirschenpflücken anziehen willst, musst du ihr nun wirklich nicht auf die Nase binden. Auch du hättest gern, wenn man dein Bemühen um

das richtige Geschenk würdigt. Wie heißt es doch so diplomatisch: »Sage immer die Wahrheit, aber sage die Wahrheit nicht immer.« Zumindest die ganze Wahrheit muss Tante Hildegard ja nicht erfahren. Und: Erinnerst du dich an die Tipps zum flexiblen Denken?

> ***Ungeliebte Geschenke:***
> *An jedem Geschenk ist etwas Positives, das du bei deinem Dank gezielt erwähnen kannst.*

Wie lade ich richtig ein?

Wenn du eine Einladung formulierst, sollte sie in erster Linie einladend wirken, direkt an zweiter Stelle kommt dann die Präzision. Einladend wird sie durch eine gute Form, eine lebendige Sprache und ein dekoratives Layout: Eine Zeichnung, die zum Inhalt hinführt, erhöht die Vorfreude.

Dann muss es genau werden, denn Angaben über Ort, Zeit und ungefähre Dauer sowie die zu erwartende Verpflegung tragen zum Gelingen der Veranstaltung schon in der Vorbereitungsphase bei.

Nicht vergessen:

• bei ortsunkundigen Gästen Angabe der günstigsten öffentlichen Verkehrsmittel und der nächsten Bus- oder Straßenbahnhaltestelle.

• Angabe der Telefonnummer für den Fall, dass Eltern oder Freunde deine Gäste plötzlich suchen sollten.

- Angaben zur gewünschten Kleidung: »*Bitte keine Jeans, es wird feierlich*« oder »*Bitte für die Nachtwanderung feste Schuhe und eine warme Jacke mitbringen.*«
- zur Sicherheit die Angabe, bis zu welchem Termin du eine verbindliche Zu- oder Absage erwartest: Stell dir vor, du machst eine Party, und keiner kommt hin!

Wie entschuldige ich mich richtig?

Genau genommen kannst du dich gar nicht selbst entschuldigen, du kannst höchstens um Entschuldigung bitten. Du solltest grundsätzlich um Verzeihung bitten, wenn du jemandem eine Kränkung oder einen Schaden zugefügt hast. Weil du dafür sorgen musst, dass die Folgen deiner »Tat« gemildert werden. Und weil du dadurch verhindern kannst, dass ein längerer Streit entsteht, in den möglicherweise andere Personen wie deine Eltern oder Freunde hineingezogen werden.

Du solltest das schriftlich tun, wenn ...

- du etwas ganz Schlimmes angestellt hast, das dir selbst die – mündliche – Sprache verschlägt.
- der Geschädigte eine offizielle Person wie der Hauswirt ist, vor dessen Zorn bei der direkten Begegnung du dich fürchtest.
- du nur deshalb um Entschuldigung bittest, weil deine Mutter oder dein Vater dies für nötig hält. Wenn du nicht einsiehst, warum du klein beigeben sollst, würde der Widerspruch in der Begegnung eher zutage treten als in deinem Brief.

Zum Beispiel mag dein Brief so aussehen:

Sehr geehrter Herr Zahner,
am letzten Samstag haben sich meine Freunde am
Ende meiner Geburtstagsparty sehr laut auf der
Straße verabschiedet. Dadurch wurden Sie und Ihre
ganze Familie, wie Sie meinen Eltern am Telefon
sagten, in Ihrer Nachtruhe gestört.
Dies tut mir Leid und ich bitte Sie um Entschuldi-
gung für den Lärm. Bei meinem nächsten Fest werde
ich alles tun, damit meine Gäste das Haus leise
verlassen.
Ich hoffe, Sie nehmen meine Bitte um Entschuldi-
gung an, und danke Ihnen schon im Voraus dafür.
Ihr Jan Abel

Was schreibe ich, wenn mir etwas sehr nahe geht?
Eine Liebeserklärung wäre sicherlich ein Anlass, der dir
nahe geht, hierzu findest du im Kapitel 2 Ideen, die du
vom Mündlichen ins Schriftliche übertragen kannst. Nah
gehen dir wahrscheinlich Krankheit und Tod von nahe
stehenden Menschen. Da fehlen dir die Worte und dennoch solltest du dich nicht vor dem Schreiben drücken.
Denke an den direkt Betroffenen: Ihm tut es gut, dass jemand an ihn denkt und ein liebes Wort an ihn richtet.
»Lieb« heißt auch hier: einfühlsam, persönlich, frei von
Floskeln.
Niemand erwartet von dir ellenlange Ausführungen, niemand erwartet von dir Trost und Erlösung. Mach aus dei-

ner Sprachlosigkeit kein Hehl. Lass die betroffene Person ganz unverkrampft spüren, dass sie nicht allein ist auf der Welt, dass es jemanden gibt, der an sie denkt und sie versteht, ohne große Worte zu machen. Ein Zeichen.

Ein Beispiel für einen Brief an eine schwer kranke Person:

> *Liebe Oma Hildegund,*
> *schon wieder hat Vati dich ins Krankenhaus*
> *gebracht, schon wieder musst du operiert werden.*
> *Das tut mir so Leid.*
> *Aber ich drücke dir ganz fest die Daumen, dass alles*
> *gut geht!*
> *Ich denke an dich und besuche dich am Wochen-*
> *ende, sobald du alles überstanden hast.*
> *Toi, toi, toi. Deine Andrea*

Verzichte darauf, auf die Tränendrüsen zu drücken. Dass die Kranke wohl nie wieder mit dir mit dem Rad durch die Wiesen fahren wird, brauchst du nicht ausdrücklich aufzuwärmen. Das weiß sie, das ist schlimm genug.

Ähnlich beim Kondolenzbrief:

> *Liebe Frau Bulach-Schmidt,*
> *wir hatten gedacht, Sie seien krank, und haben*
> *heute von Herrn Gartner erfahren, dass vorgestern*
> *Ihr Mann verstorben ist.*
> *Wir haben ihn nicht gekannt, aber wir sind sicher,*

dass sein Tod für Sie und Ihre Kinder einen großen Verlust bedeutet.
Wir möchten Ihnen daher unsere Anteilnahme aussprechen und Ihnen viel Kraft und Hoffnung für die kommende Zeit wünschen.
Ihre Klasse 9 c

Mit ehrlichen Formulierungen ohne Gesülze und ohne Herumrühren in der Wunde tust du einer hinterbliebenen Person den größten Gefallen. Und wenn du einem trauernden Menschen später begegnest, reicht es, wenn du auf ihn zugehst, ihm die Hand gibst und, wenn dir die Worte fehlen, einfach gar nichts sagst. Dein Blick und dein Händedruck zeigen: Du bist ihm nah. Das reicht.

Zum guten Schluss

»Der Weg zur Hölle ist mit guten Vorsätzen gepflastert«, sagt ein Sprichwort. In diesem Buch hast du viele Hinweise bekommen, um deine Anliegen verständlicher auszudrücken und um besseres Gehör zu finden. Du hast möglicherweise den einen oder anderen guten Vorsatz gefasst. Wie kannst du jetzt dafür sorgen, dass du ihn in die Tat umsetzt?

1. Nimm dir immer nur einen kleinen Schritt nach dem andern vor, denke also bitte nicht: Morgen setze ich Kapitel 1 um, sondern: Bei der nächsten Party spreche ich mindestens ein fremdes Mädchen an.

2. Formuliere Ziele, die du selbst erreichen kannst. Du kannst vielleicht nicht die Einstellung deines Lehrers zu deinen Arbeiten ändern, du kannst aber auf jeden Fall deine Argumentationsweise verbessern.

3. Umreiße klare und konkrete Etappen auf deinem Weg zum Ziel: Den Erfolg des Beschlusses »In der Diskussion über die Klassenfahrt werde ich mich in den ersten fünf Minuten zu Wort melden« kannst du überprüfen, den von »In Zukunft werde ich nicht mehr schweigen« nicht.

4. Setze dir Signale, die dich an deine guten Vorsätze erinnern. Ein Smilie auf dem Telefonhörer kann bedeuten: »Beim Verabschieden danke sagen«, ein Herz in der Jackentasche kann heißen: »Beim Gedicht aufsagen Blickkontakt halten«.

5. Der Erfolg stellt sich vielleicht nicht beim ersten Versuch ein. Setze daher, bevor du startest, eine Belohnung für die Tatsache, dass du etwas Neues versuchst, aus. Die Höhe der Belohnung hängt von der Energie bei der Umsetzung ab. Wenn du deiner Flamme heute endlich einmal sagen willst, dass du mit ihr gehen möchtest, kann ein Pizzaessen mit deinem besten Freund eine gute Belohnung sein – oder mit ihr!

»Hilf dir selbst, sonst hilft dir keiner«, sprühte neulich jemand auf eine Wand. Wenn das auch nur zum Teil stimmt: Viel Spaß bei der Selbsthilfe!

Elisabeth Bonneau
**Spaghetti, Jeans & gute Sprüche –
Knigge für Kids**
160 Seiten, ab 12 Jahre
ISBN 3-7707-3072-0

Wie bin ich ein guter Gastgeber? Was sage ich am Telefon? Wie esse ich was? Wie komme ich aus einem Fettnäpfchen wieder heraus? Wie wirke ich auf andere?

Ein Ratgeber für alle, die wissen wollen, wie man sich in bestimmten Situationen und gegenüber bestimmten Personen verhält, ohne den anderen nach dem Mund zu reden oder die eigenen Interessen zu unterdrücken – sei es im Umgang mit den Eltern, in der Schule, in der Gruppe oder im Ausland.

In lockerer Frage-Antwort-Form vermittelt die Kommunikationstrainerin Elisabeth Bonneau dabei die Erkenntnis, wie sehr das Verständnis füreinander die Verständigung untereinander fördert.

 Ellermann Verlag